三孩兒

北市郊的陽明山遊玩，孩園玩樂一番；那時三位孩小一、二、三年級。

舊地老樹喜相逢

十多年後，驚喜地又見老樹，再一起拍照留念，這時老大、老二已讀醫學院，老三也唸北一女了。

玩水樂趣寸心知

這張是到士林區「天母公園」後方的小溪玩水並烤肉，孩子們玩得開心，父母們則須細心照顧。

三代同堂全家福

這是婆婆和我們夫妻及三位孫兒合照，是在參加一位親友的宴會席上。我婆婆是一位愛媳如女的慈祥親長。

二輪車跑得快喔

這張是帶孩子回外婆家遊玩，應用外婆的搬運車當玩具，很有創意吧！孩子們百玩不膩呢！

三位小孩爬山爬樹笑呵呵

母女相聚歡樂多

這是民國八十一年十二月，我媽媽來台北遊玩，我帶她在北市「環亞大飯店」參加餐會時留影。我長得很像我媽媽吧！

埔心牧場騎白馬

那次遊玩，孩子們都跟帥爸、酷媽合騎協力車逛牧場，當時三位均讀國中。

護送女兒上學去

三位兒女分別唸建中、北一女時期，早上開車送他們上學時，順便拍下了這張生活照。

台北市勞保局

學員利用午休「團康活動」時間進修，雖是職業婦女，卻會把握機會充電，個個都很用功寫筆記呢！

81.10.30

台北市行天宮附設圖書館

上課時教做「環保垃圾紙盒」情景，你看！上課後每個人都變成快樂的媽媽囉！

台北縣家庭教育服務中心

這些婦女志工雖然忙著服務社會人群，卻仍不忘追求成長，吸收新知，自立立人，多可敬呀!81.4.18

台北市台北女國際青年商會

講題：女強人應如何經營婚姻

照片右二是梁麗雲會長。83.6.9

台北市西南區扶輪社

講題：家庭和事業的雙贏策略

社員出席十分踴躍。83.11.9

台北市基督教女青年會

「二十一世紀婦女成長講座」

講題：現代家務卿

反應極為熱烈。81.4.27

台北市中國時報

時報廣場「新生南路館」「升學聯考及親職教育講座」，連續舉辦四個月達十五場之多。此即其中一場。82.3.19

台北縣保姆協會

講題：怎麼做個好保姆深獲大家讚賞。82.7.11

中華民國社區兒童教育學會

應此學會之邀請，搭飛機遠赴高雄市尖美百貨公司「藝文中心」演講，會後和主辦教師合影。85.2.24

台北市大直國中

講題：陪孩子走一段—怎樣做個稱職的國中生父母

家長出席極爲踴躍。81.3.14

台北縣永和市福和國中

講題：怎樣幫助考生衝刺上榜

很符合家長需求。82.5.8

台北縣中和市私立竹林中學

講題：怎樣幫助孩子功課更進步

由泰山文化基金會主辦。82.5.10

台北市西湖國小 贈紀念品

致「嘉惠西湖」匾額給林老師留念，感謝她對西湖社區所做的貢獻。81.12.17

台北市西湖國小 奇巧盆景

林老師提倡「綠化家庭」運動，上課時教導學員自製盆景，學員果然展現豐碩成果。81.12.17

台北市西湖國小 上課一景

「西湖國小媽媽成長班」一百六十多位學員，共聚一堂用功進修的熱絡景象。82.12.8

台北縣讀書會領導人培訓班

台北縣政府極力推廣「讀書會」活動，因此培訓領導人才。本期選在「積穗國小」上課，這張是結業典禮合照。84.1.25

台北縣樹林鎮農會

這是「家政班」學員專心聽講情形；講題是「夫妻如何牽手過一生」。84.5.4

師資培訓研習會

由「三之三文教機構」舉辦，提供課輔班、安親班、才藝班或幼稚園等主任或教師進修機會，研習最新教教材及教法。82.6.6

台北市正欣幼稚園

現在許多幼稚園的家長都努力研習「親職教育」課程，你看看！很多爸爸也參加聽講喔！84.12.9

台北縣板橋市文德國小

該校定期舉辦多次的「媽媽成長班」，家長都踴躍參與，圖爲教授製作「環保紙盒」情景。81.10.27

台北市成淵國中

該校極爲重視「親職教育」工作。此次講題是「怎樣幫助考生衝刺上榜」，反應極熱烈。85.4.13

精健會現場演講

講題：講幽默笑話

—培養樂觀人生

台北縣瑞芳地區農會

在該農會「家政推廣教育」年終講習會上演講，全場用現在最流行的國、台語並行講課。83.12.20

台北市家庭生活教育協會

該會經常舉辦各種研習活動，並且積極培訓推廣人員、成效極佳。

83.12.28

台北市萬芳國中 長官參觀

教育部社教司何進財司長及溫怡梅校長和輔導室傅家旋主任（左起第2、4、1位）蒞臨班上指導。83.4.14

台北市萬芳國中 聽課情景

學員雖是利用夜間上課進修，個個卻都十分專注聽講，用功精神值得效法。83.3.3

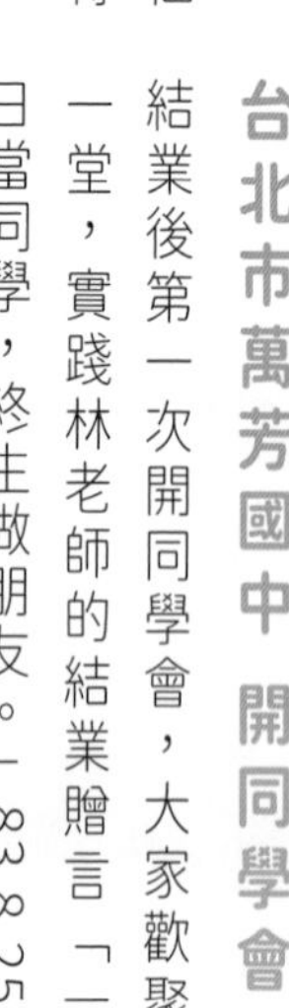

台北市萬芳國中 開同學會

結業後第一次開同學會，大家歡聚一堂，實踐林老師的結業贈言「一日當同學，終生做朋友。」83.8.25

台北市石牌國中

講題：怎樣幫助考生衝刺上榜

家長反應極為熱烈。82.11.19

台北縣中和市永和國中

講題：陪孩子走一段

家長出席極為踴躍。83.10.22

台北市中正國中

講題：怎樣幫助考生衝刺上榜

家長專心聽講情形。84.4.29

▲ 參加「溪州初中」同學會

坐中間還保留學校運動服的人，就是敬愛的「高明敏校長」。

▲ 師大歷史系 57 級第一次同學會

▲ 祝賀李府壽宴暨包姊新書發表會

贈送包德慈大姊的花籃，並題詩，巧用六種花稱讚：包德慈新書會。

▲ 參加「北中同學」畢業 40 多年後的同學會

圖中贈送我的禮物，我笑說是頒發「終身成就獎」給我啦！

2015 Calendar

104 年月曆

人生是來學習

考察 遊玩 報恩的…

創意是成功的亮點

行動是夢想的開始

林瓊姿〔慕凡〕老師遊記

E-mail：

lin342003@yahoo.com.tw

阿聯酋杜拜帆船飯店

—大廳跟大女兒合照

媽媽博士

—家業中的CEO

慕凡 著

（第一冊）

自　序

我們都是媽媽的孩子，若你想要多認識媽媽，那麼，閱讀這本書就對了。

自從媽媽生下你、我後，彼此都很忙碌，媽媽每天忙著照顧我們長大；而我們也不停地忙著完成，各階段的學業、事業或成家立業。很少有空閒，好好去瞭解媽媽的心聲。

1. 現身說法談經驗

我是媽媽的女兒，也是三個孩子的媽媽，又當了快五十年的全職媽媽和主婦；我以自己親身體驗和感受爲縱軸，又收集各種媽媽形像爲橫軸，試圖描繪出現代媽媽的人生新座標。你看完我的經歷、觀察或心得後，一定會有更深入的感受，甚至會顚覆你原有的觀感耶!

2. 披露媽媽的眞相

擔任「全職媽媽」這一行，雖是最古老、最多人的工作，卻也是很平淡卻不平凡的行業；很少有人會認眞去研究、探討，它重大的意義及價值；現在由於我的挺身而出作證，讓你能夠去認識她的過去、瞭解她的現在及她對未來的期望了。另一方面，也是能爲我的同行友伴們，揭露深藏已久的心聲。

這本書絕不是嘮叨的媽媽經，而是對「全職媽媽」，這個身分證職業欄上，寫著「家管」的正當行業，我對它的剖析、感想或期望；更有對生活、生存和生命意義的探討等。

3. 斜槓人生樂趣多

我只擔任六年的教師生涯，就應孩子們的需求，毅然轉換跑道，由校門遁入家門。十多年後，因突生一場重病後，才開始寫書；又因教育兒女稍有成就，竟變成父母眼中的「親職教育」專家；至今，已全省巡迴演講二十多年，且已創作十二本暢銷書了。

我的斜槓生涯中，曾經擔任數要職，例如女兒、妻子、母親、祖母、家管者、寫作者、出版者、賣書者、演講者及國、高中教師等。身分不同，所需專業的知識和技能也不同喔!

我由主婦變成主講，從爐台走向講台的傳奇歷程，曾是許多人想知道的故事，我全寫在這本書裏了。

人生歷程的十六字箴言:「喜怒哀樂、悲歡離合、恩怨情仇、生老病死。」我可說都嚐過滋味了。

4. 但願君心似我心

我花費二十多年的心力和血汗，才寫好這本書，曾經多次想放棄作罷了；卻又受自我「使命感」的召喚，才能繼續完成這份心願。

本書分十個主題來探討，因字數長達二十六萬多，必須分第一、第二冊出版，又要求「圖大好看，字大保眼」，所以是十八開精緻的大本書。我還有話要說，將來若有好機緣，再繼續寫吧！

如果你看完本書後，能夠重新體認媽媽的辛勞、疲勞或功勞，進而更加敬重、珍愛和孝順媽媽，那我就非常感謝你，更是達成我最大的願望了。謝謝！

生命轉變很美妙　且走且看且調整
樂觀勤奮向前行　豐碩收穫滿行程

林琼「瓊」姿　筆名：慕凡 敬上

民國112「西元2023」年4月 於台灣

推薦序

吳晟

著名鄉土詩人及作家

林琼姿女士，是我在「成功國小」的同班同學，她讀書很用功，成績也很好；但是在五年級時，卻突然從升學的「投考班」，轉到就業的「放牛班」去了；現在看到了本書，我才知道原因。

她是一朵壓不扁的玫瑰，在多次受挫的升學歷程中，都能夠堅持下去，最終能考上「國立臺灣師範大學」，這在當時的鄉村，是周圍五個村莊，可能是第一位考上大學的女孩子。有關她逆轉勝的奮鬥歷程，在本書中都有解說，看後很令人非常感動。

記得是在四年級時，學校為慶祝校慶的活動中，所舉辦的「遊藝會」上，我們班同學提供一齣「悲歡家庭」的話劇，我倆分飾男、女主角，我扮演醫生，琼姿則演生病妹妹的大姊，我們都穿上自己爸或媽的衣服，小大人滑稽的扮相很逗趣，對白也蠻精彩的喔!眞是很美好的回憶。

琼姿親自把三個孩子都教育得很優秀，由於她教育兒女的成功經驗，就成為親職及家庭教育專家，各地巡迴演講分享心得，已經有數十年了；並已出版了十二本暢銷書，嘉惠無數學生、家長和家庭，算是很傑出的校友了。

這次，再寫這兩本自傳性的大書，有媽媽、主婦、成長、教育、演講、我愛紅塵等十大主題，因是現身說法，內容都很真情感人，且讀後收穫很多。

在1950年代的偏鄉國小，我們班上能有她和我兩位，從年輕至今，都一直持續不斷寫作，而且，又能保持深厚的同窗情誼，確實很難得可貴。

謹在她出書之前，特別推薦給讀者，並表達祝賀之意。

吳晟 謹識

民國112年4月

推薦序

鄭福妹

台灣教育資深人員協會 副理事長

新北市退休校長協會 監事

認識林瓊姿老師，是一個很巧合的機緣；幾年前，當我在新北市「瑞芳國小」擔任校長時，有一天，林老師自己打電話給教務主任，說明她有一位好朋友包德慈女士，希望在學校設置一筆獎學金，詢問學校是否樂意接受? 當時，我們不只很感恩地接受了，更舉辦隆重的頒獎典禮呢!

我心想：「怎麼會有這樣熱心的人，主動要做鼓勵學生的善事?」，原來林老師過去曾在「瑞芳高工」擔任教職，為了回饋鄉親，過去給她許多的恩情，才介紹好友提供這次捐款；而林老師和夫婿也曾在故鄉的母校，設置獎學金多年，林老師眞是一位知恩圖報的人。

此後，我們三個人，因教育理念很契合，就變成好朋友了。後來還跟另四位好友組成「金蘭讀書會」，至今還不斷互相學習、追求成長呢!林老師是一位熱愛分享的人，她每次在讀書會裡，總是帶很多資料送給姊妹們，有她聽演講的講義、收集的名言佳句或影印的剪報等，讓我們成長很多。

林老師是很聞名的家庭教育專家，她的演講有很多實例和做法，所寫的十二本暢銷書，都很實用。

林老師不僅是位賢妻良母，自己也成就了一番事業，還加入公益志工行列。民國111年，曾獲選爲台北市大安區的「模範母親」殊榮。她的優異成就，可說是實至名歸。

這次再撰寫這兩本新書，對「媽媽」這個角色和定位，有很精闢的見解和心得。

謹在她出書時，特別推介給讀者，相信您會獲益良多的。

鄭福妹 謹上

民國112年4月

第一冊目次

一．媽媽自強篇

二．魔幻母親篇

三 . 學習成長篇

四．教養兒女篇

五．主婦苦樂篇

第二冊目次

六.家庭管理篇

七.演講樂趣篇

八. 旅遊獲益篇

九. 人間溫情篇

十 . 我愛紅塵篇

一、媽媽自強篇

(一)轉換跑道 獨善其家

民國五十幾年，我從國立台灣師範大學畢業後，先後擔任國中、高中教師，教學生涯勝任很愉快。結婚生子後，變成了職業婦女；每天在學校和家庭間奔忙，蠟燭兩頭燒，吃力又不討好。

1. 公私兼顧 疲於奔忙

外子曾體貼地說：

天下老師不差你一個，家中孩子卻只有你一位媽媽，我看妳要公、私兼顧，很心疼你太辛勞；要不要考慮一下，先回家把孩子們照顧好，等他們長大後，再外出工作呢？

我想起有一次，大女兒得了重感冒的事：

那天早上，我要去學校上課前，特別叮囑保母說：「我只上兩節課就回家，要是孩子突然又發燒，請你立刻打電話通知我。」

我在上第二節課時，突然心裏忐忑不安起來，擔心女兒萬一又發燒了，可要怎麼辦呢？越想越焦急，竟然全身開始發軟，感覺有氣無力，講課也有點魂不守舍；這時坐前排的一位女生，趁我稍靠近她時，輕聲問我：

老師！你的臉色變得很蒼白，是不是生病不舒服了？要不要休息一下？

學生的關心和提醒，我才驚覺自己嚴重的失態了。

我回說：**喔！不是我生病，是我女兒生病了！**

趕緊回神過來，繼續專心講課。

2. 孩子生病 最揪母心

等到下課鈴一響，我立刻衝回保母家，她見我著急的樣子，卻安慰說：寶寶剛剛才跟我玩得笑嘻嘻，現在正睡得很熟呢！我摸摸她的額頭，竟燙得嚇我一大跳。心想：「孩子是發燒過頭，陷入昏睡了！」趕緊抱著她搭上計程車，到基隆的大醫院掛急診。

醫生說：**孩子需要住院治療和觀察才行**。

院方立刻打了退燒針，我看著小小的身軀躺在大大的病床上，手臂上還吊掛著大罐的點滴針管，很心疼她受苦痛，更深深感到自責，都是我這個媽媽沒照顧好。學校下午排定要上的課，也只好抱歉地緊急請假了。

我著急地在醫院守護了一整天，感覺全身疲累不堪；後來她退燒了，晚上要出院回家，當我要坐上計程車時，竟虛弱無力地，抬不起腳來跨進車內；外子見我窘狀，

體貼地說：**要不要我抱你上車啊？**

剎時，我苦笑了一下，突想起今天飽受煎熬的辛酸歷程，累積的情緒立刻爆發出來，禁不住放聲大哭，眼淚直直滾落不停了。

3. 天人交戰 兩難煎熬

我很捨不得放棄熱愛的教職，但也擔心無法善盡母親的天職，幾番天、人交戰的結果，就在老三出生前，適逢學期快要結束了，而我也剛好要遷居到台北市；於是，我就決定辭掉「台灣

省立瑞芳高級工業職業學校」高中部教師的職務，回家當全職媽媽和主婦了。

從此，我離開校門，遁入家門，帶髮修行。每天精研艱深的育兒經，勤練耐心操和三頭六臂掌；外加服用愛心仙丹和信心大補丸；更加緊學習佛祖的慈悲心腸，又練得金剛不壞之身；如此術德兼備和內外兼修，才能迎接三位小菩薩的百般挑戰和考驗。

本來以為我就這樣過了一生，不料，後來卻因一場意外大病，使我領悟了生命的珍貴和價值；於是我開始寫書，記錄我十多年來當全職媽媽，如何帶領孩子的經驗和心得。隨後又因緣際會，竟讓我又重新站回講台，只是這次我的學生，卻換成了孩子們的爸媽了。

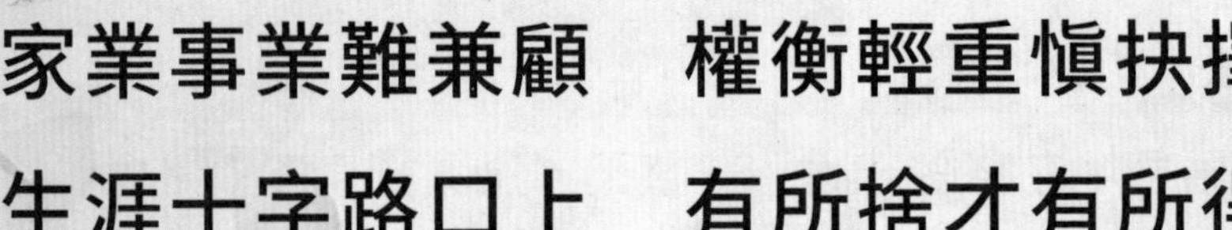

（二）大病不死 必有後福

民國七十七年年七月，我念國三剛畢業的兒子，正準備參加台北地區高中聯考。那時候，我的「生理期」雖延後超過快四個月了；但我安慰自己說：「大概是當考生家長，太緊張和焦慮，才會擾亂了生理正常的運作吧！」

1. 責任在身 理智硬撐

反正，暫時不能去看病，否則，萬一需要住院治療什麼的，在孩子這個升學決戰關頭，母親生病無法在家照顧他，一定會帶給考生嚴重不良影響的。

我陪考的第二天，上午考完後；下午我們全家就去北市近郊的松山爬山，晚餐還去吃一頓牛排大餐，以慰勞孩子的辛勞，我的身心也跟著鬆懈下來了。

晚上我睡到半夜，肚子突然隱隱疼痛起來，起初以爲是晚餐吃壞了腸胃，跑了幾趟廁所，卻都沒拉肚子，前後吃了二、三種胃腸藥也沒效，清晨就趕緊到附近醫院掛急診。住院醫師診斷說是腸胃炎，要我們拿藥回家吃一吃，多休息就會好了。

但是到了晚上，卻全身漸漸疼痛如刀割，我站起來全身都很痛，坐下去更劇痛不已，我不斷哼嗨、呻吟喊痛，外子見苗頭不對，一大早趕緊送我到「T大醫院」掛急診。護士量過血壓後，

醫生說：**你的血壓太低了，要是再延後半小時送來，可能會變成植物人了。**

趕緊送往手術室開刀，那是婦產科的重症，腹腔已經大量出血了；是很危險甚至會喪命的急症。

2. 名醫搶救 幸運保命

外子趕緊透過護理師表妹謝X惠女士協助，幾經波折找尋，才聯絡到婦產科名醫H教授；那天他雖正在休假，但很幸運的是，他人是留在台北市，也特別答應我們的請託，願意爲我專程趕來開刀。

我躺在手術台上，看到有三或四位醫師，忙著做術前各種準備工作後，就等著這位教授趕來動刀。麻醉醫師替我注射藥劑時，爲了讓我放鬆身心，故意跟我聊幾句家常話，我當時有聽到一、兩位醫師說：H教授再趕不來，我們就先動手吧！那時我的意識已漸進入渺茫狀況了，但我還奮力大聲求情說：

拜託！請你們再等一下子！

我先生說：「**H教授已經在趕來的路上，很快就到了！**」

3. 感謝老天 留我一命

說完，麻醉藥發功了，我立刻陷入昏睡中，完全不醒人事了。我不知道在「開刀房」待了幾個小時，也不記得在「恢復室」休息了多久；只記得當時，疲憊又昏沉像睡死中，感覺隱隱約約，好像聽到有人，一直輕聲叫著我的名字。

當時腦中閃過的念頭是：**我已經往生了，家人正在向我招魂，呼喚我的名字，大概是擺上「腳尾飯」在祭拜我了。**

可是，我一直聽見他們不停地叫我，讓我渾沌的意識，漸漸清明起來，隨後，有人拉起並握住我的手，我感覺溫溫熱熱的，於是，我又想：**是不是我還沒有死掉?我還活過來了！**

事後，我曾聽過醫生朋友說，多年前，有一位T大醫學院院長的夫人，也是罹患跟我同樣的病症；而遺憾的是，當醫生一刀劃開她肚子時，卻血噴不止，因而卻不幸往生了。

眞是感謝老天爺的厚愛！祂大概知道我還有重大心願要完成，才特別放我一馬，留下活口，好讓我在人間作見證。

生命是如此脆弱　生死僅千鈞一髮
幸貴人及時搶救　鬼門關前留步伐

（三）快筆寫下 生命見證

俗話常說：大難不死，必有後福。我經歷了這次生死關卡險勝的挑戰後，深深覺悟到：

生命雖很堅韌，但有時卻很脆弱，生死更是無常。

像我這個一向身強力壯，又很少生病的人，竟然在這一次的突擊中，差一點就丟掉性命了。於是，養病期間，我暗中立下誓言：我要好好運用我的才能，寫下我生命中努力奮鬥的事例，好好傳存下來。

1. 因病得福 開始寫書

我是下決心要寫一本書，記錄這十多年來，我作爲一個全職媽媽和主婦，是如何追求成長、怎樣教養兒女和經營家業的歷程，才不辜負我來人間走一趟。也讓許多關心我的人，瞭解當初我爲何放棄很好的職業，心甘情願回家經營家業的成果和價值。

我很僥倖從鬼門關前撿回這條命，或許是老天爺特別疼惜我，知道我在人間還有未了的心願，才慈愛地放我一馬，讓我留下活口來完成吧！我的願望就是要留下我生命奮鬥的見證。同時，我也會擔心不知那一天，死神又會突然來召喚我，因此我必須「心動就馬上行動」，積極籌劃出書的工作。

我本來就喜歡寫作，先後在報紙上發表過不少文章，曾經有連續二年的母親節當天，我投稿的散文被「中華日報」登在副刊，並且以最大字的標題，放在最顯著的頭版上。

我先後也在國內各報副刊發表短文，幾乎都是描述陪伴孩子讀書、遊玩或運動等，紀錄家庭中親子互動的情景，內容極爲風趣、溫馨。曾經有當時的聯合報、自立晚報、中央日報等副刊主編，還特別寫信給我，讚賞我的文章，並鼓勵我多多投稿呢！

於是，我努力把往事像錄影帶倒帶一樣，摘取其中精華部分，轉化成輕鬆、有趣又很有參考價值的篇章，總共撰寫了十多萬字，並排除萬難，終於趕在休養後，第三年的母親節前，自費出版了我的第一本書。

2. 愛要及時 活在當下

我設定出書的主題是「親職教育經驗談」書名經再三推敲更換，才定名為「及時的愛」，內容主要分成三個大綱：

(1)回首來時路－記錄母親栽培我讀書升學的辛苦歷程。

(2)火車頭媽媽－分享我自己現在教育孩子的成功經驗。

(3)現代家務卿－寫下我如何求成長及經營家業的心得。

我出書那一年，兩位女兒已唸台北市「北一女中」男孩是讀「建國中學」，三位都是考上人人稱羨的一流高中。書中所寫的全是我親身經歷的教導經驗，也是我把在師大所學的教育理念，轉化成實際行動，努力實踐出來的結果。

我出書的目的，當初是要自己留作紀念，或送親友之用，只要印製一、兩百本就夠；但為了分擔製作成本費用，就聽從重金禮聘，幫我策畫出書的兩位編輯建議，就印了一千本，只好找一家圖書公司，代理在書店銷售。

可是，千萬沒想到公開發行後，竟廣受許多讀者喜愛，在書店舖書約三週後，代理商就通知我，需要再加印第二刷了。

從此，竟引領了我踏上寫作之路，隨後，由於讀者及聽衆的需求和鼓勵，至今竟已創作了六本暢銷書了。

更意外的是，它竟爲我打開一條演講之路，使我變成許多父母心目中的「親職教育專家」，至今已全省各地巡迴演講快二十年了，也開啟了我事業的第二春！

人生就像一齣戲　自編自導又自演
角色全由自己選　悲情可轉喜劇片

（四）熱情分享 開創機運

有一次，我在菜市場買菜時，因熱心分享挑選蘋果的秘訣，才跟吳玉雲女士相識，隨後又因相知而成爲好友，她常問我一些教養兒女的經驗。

1. 初試啼聲 一鳴驚人

由於她對我寫的「及時的愛」一書的讚賞，有一次就把書送給她兒子就讀的「正欣幼稚園」張慧瓊和陳啟光園長夫婦，他們讀過我的書後，十分贊同我的教養理念和方法，便好幾次力邀我去跟家長演講，但我都推辭說：

好久沒站上講台了，我怕會緊張講不好的。

園長一再鼓勵說：**沒關係啦！試試看嘛！你把孩子教得那麼好，只要說說你的寶貴經驗就很夠啦！**

園長的極力抬愛和遊說，激發了我接受挑戰的信心，於是我眞的接下了，這第一場「親職教育演講會」，而且深獲家長熱烈的迴響和好評。

2. 推展社教 四處演講

這次勇敢地踏出的第一步，竟讓我又重新站回到講台當講師；從此，幼稚園、國小、國中家長會的演講邀約很多，也開展了我的演講生涯；一天講一場是平常，講兩場很正常，有時還會講三場呢！十多年來，我幾乎全省走透透。到後來，我除了主講親職教育外，也逐漸發展到家庭和社會教育，所以我演講的對象，也擴大到一般社會大衆了，很多社團、公會、協會、扶輪社、獅子會、青商會、文化中心、文教基金會或公、私立機構等，都邀請我做專題演講，而且廣受歡迎。

大家都「聽好逗相報」，讓我有機會貢獻所學，常常四處奔走，卻也能順便到處旅遊，雖然風塵僕僕，但也是樂在其中耶！

俗話說：**大難不死，必有後福。**

我卻是因病得福，不僅出版了第一本暢銷書，至今到全省各地演講，現身說法已有十五年了。它不僅充實了我空巢期的生活，也改變了我的後半生，更開創了我事業的第二春。

3. 讀者鼓勵 創作更多

由於我用心盡力的栽培，加上孩子願意配合又用功，我的三個兒女後來升大學，兩位分別讀台北醫學院及長庚醫學院，一位讀台大法學院。現在兩位已當醫生；一位曾赴日本東京大學深造，現在任職於電視公司，工作表現，也頗受長官的賞識和器重。

由於讀者及聽衆的鼓勵和需求，我先後又撰寫了「火車頭父母」、「讀書不難考試不怕」、「聯考獲勝絕招」、「父母成長班成果發表會」上、下兩冊等，共六本親職教育專書。內容極具生活化及實用性，很受家長喜愛，所以十分暢銷。最近並計畫繼續出版系列的有聲書。

我也應邀上了「台視文化廣場」節目，那是當時很紅的藝文節目，由著名的趙寧博士和丁乃竺小姐共同主持，這是我第一次接受媒體訪問，暢談我的親職教育經驗和理念。我自己獲益很多，更收到很好的傳播效果。

隨時散發熱情和愛心　常會遇到貴人來相挺

抓住機會並勇敢嘗試　就可激發潛能創奇蹟

（五）追求成長 利己利人

我剛開始當專職媽媽和主婦，曾度過一、兩年徬徨、鬱卒的日子，後來經由不斷的自我覺察、反覆思考和調整修正後，才真正找到生命的出口，遠離空虛的幽谷。

大概是主婦生活沒有自己明確的目標，每天都只被動地，在照顧兒女需求和管理家庭事務，在工作中缺乏自我成就感；我感覺我是一個悶悶不樂的媽媽，幾乎忘了我是誰了。

我只是個日行千里，卻足不出戶的主婦，每天只在家中兜著轉來轉去，忙著做不完的家事。家園好比是一座舒適的牢獄。我一再自問：**難道我這輩子人生，都要這樣單調、平凡地度過嗎？**不不！我決定要找回我自己，找回從前那個熱情、好學又積極生活的本尊。

1. 學習成長 充實新知

於是，我開始安排每天有一段讀書時間，閱讀書報、雜誌或一向喜愛的古典文學和詩詞等，孩子們也給書本或紙筆塗鴉一番。書中乾坤大，心遠地自偏，豐富的精神食糧，稍能紓解心靈的飢渴，但我還要尋覓更美好的心靈雞湯。

有一次讀到朱熹的那首「觀書有感」詩句：

半畝方塘一鑑開，天光雲影共徘徊；

問渠那得清如許，爲有源頭活水來。

我突然有所醒悟，我決定要離家外出學習。趁著孩子們去上學的時段，我就是自由的單身貴族，我常去聆聽專家、學者演講，這是我最大的樂趣，也是最快速成長管道，聽演講有三大好處：**就是增加成功的經驗、降低犯錯的機率，和縮短摸索的時間。**

2. 投資腦袋 勝過口袋

那時台北市有許多定點、定時的演講場所，例如台北市社教館的「市民講座」、「台視文化廣場」、「華視演講廳」、「國父紀念館演講廳」等，我都是座中常客，並且勤作筆記，累積至今有好幾大箱的筆記本，那些都是我最寶貴的智慧財產。我從中吸收很多的「知識維他命」和「心靈大補丸」，擴展了我的生活和知識領域。

我聽講時，一定挑選在第一排的座位，這樣不僅黑板寫的字或簡報的字幕，可看得清楚，而且講師的話更能聽得明白。有一次在台北市的「社教館」聽講時，旁邊一位聽衆，看我猛抄筆記，又錄音，有時還拍下老師秀的簡報，

她就好奇地問我：**你是哪一氏(視)的？意思是問：哪一個電視台記者？**

我笑答：「林氏」。我姓「林」嘛！她一時搞不懂，

又問：你是哪一家?－意思是：哪一家報社或電台？

我家！我又故意搞笑地說。

她聽後，竟喃喃自語說：只聽過我家牛排，沒聽過我家電台。

我眞的是我家電台的主持人耶！因爲我每次聽完演講後，就會適時地在家中重點重播，或分享我的心得或感想。可說是一人去吃，全家進補；一人學習，全家受益！

3. 系列課程 收穫更多

我也喜歡參加系列性的成長課程，像「中華文化復興總會」舉辦多次的「中國古典文學系列」；又像「中國青年寫作協會」、「青溪文藝協會」等所舉辦的散文、小說或戲劇寫作班，都是聘請國內很有名的大作家，來傳授教導的。我都是全勤出席，按時繳交習作文稿給老師批改，算是很用功的好學生。因而寫作功力大增。

我還曾參加由教育部委託「國語日報社」辦理的「成人教育研習班」，課程長達一年，每週三上課三小時；那時我已經開始當講師了，所以常常是早上當學生去聽課，下午又當老師去別處講課；身份、角色不同，儀容、服裝當然也要變臉和變裝，這也是一種新奇的體驗呢！

八腳章魚趴趴走　到處學習樂趣多
充實生命視野寬　學以致用獲益多

(六)學員講師 媒體助攻

我在當時的中國時報「新生南路館」，第一年當學生去上「口才訓練班」課程，第二年我就變成老師去講課，而且還是一系列「親職教育或升學考試」的課程，連續講授三個月之久呢！每場參加的學員，館方都要收費的。

1. 媒體傳播 擴大效益

我最火紅的時期，曾經一個禮拜內，就上十幾家電台，接受現場專訪播出，若有現場 call in 的電話，更是應接不暇了。

當時只有三家的電視台，在升學考試前，都先後邀請我去上節目，請教「考生家長怎麼辦?」或「怎樣幫助考生衝刺上榜」，分享我連續六年當考生家長的做法。我也曾應邀到台北市的名校「建中」和「北一女中」給家長演講，深受歡迎耶！

那時「中國時報」還會採購我寫的暢銷書「聯考獲勝絕招」一書當贈品，以配合考期促銷的訂報優惠呢！那期間有幾家大報刊登我的文章或訪問稿，更是不計其數；後來，我更受邀在「人間福報」寫專欄，取名爲「新好父母」每周一篇，限六百字，內容精簡又實用，時間長達一年。當時很受讀者喜愛。我正等待有良機，再出版發行問世。

2. 教學兼重 相得益彰

我一直都在不斷努力學習和成長，除了隨時參加各種演講會、研討會、讀專業書本、看報章雜誌外，更有趣的是在多年前，我應邀到台北市的「大安國中」的「快樂父母成長班」演講後，我看到他們安排的一系列十二堂課程，內容都很棒，就繳費加入當學員，至今已參加三十多期了，我受益良多，也結交很多同窗好友。

曾有不少同學，好奇地問我：你自己都當講師了，爲什麼還要來當學生聽課呢？

我的回答是：

當學生是吸收你所不知道的，它是進修，可再成長；

當講師是付出你所有知道的，它是分享，也能成長。

天下的學識很廣大，所以需要不斷地學習，一方面增加更多知識，一方面才能跟得上時代潮流啊！

3. 親職教育 盡力推廣

由於我努力學習吸收新知識，所以我的學識是苟日新，日日新的，我的每一場演講，內容都不大會重覆，都會有創新的觀點、作法或舉例。很多家長看了我的學、經歷，都知道我是有成功經驗的講師，是說到又能做到的實踐家；而且我的演講內容很生活化和實用性，廣受歡迎，所以幾乎場場都滿座。所著作的專書，現場常常被搶購一空呢！

現在回想起來，約在民國八十幾年起，我當時是開風氣之先，充分掌握到時代浪潮的尖端，那時台灣經濟正在起飛，家長也開始注重「親職教育」和「升學考試」等議題。

曾經有好幾年，我都擔任全國許多著名教育機構，邀請或推薦的講師，例如「台北縣家庭教育中心」、「各縣市的文化中心」、「泰山文化基金會」、「行天宮文教基金會」、「三之三文教機構」等，我都成爲它們的王牌講師，只要我一出馬，就是滿場爆滿的保證呢！

有一次，我應邀到台北縣的「自強國中」演講，是校方為慶祝校慶舉辦的活動，邀請了五位講師分別講授五個不同主題，家長報名要參加我講的那一場，人數竟意外大爆滿，預定的會場容納不下，還需改換到馬路對面「自強國小」的大禮堂，卻還是有不少人站著聽呢！就連教務主任，輔導室主任及好幾位老師都來參加。講師名單中，也有一位曾經是我的老師喔！後來，我還創辦系列性的「快樂父母成長班」，讓更多父母修習必備的「父母學分」呢！

4. 助人為樂 感恩回饋

非常感謝這些邀請的學校或機構，以及各種傳播媒體的助攻，協助推廣了我的親職教育理念，也帶給家長們很多益處；尤其是台北市和台北縣，因地利方便，我講遍無數個國中、國小，還曾經被媽媽學生們暱稱我是：

地下的「台北市教育局長」或「台北縣教育局長」。

因為每學期我應邀去演講，或授課的學校，可能比教育局長去視察的次數還要多呢！不過，最近幾年來，我已擴大到全省各地巡迴演講了。

我演講的題目，也由學校教育再擴大到社會教育了，講授雙贏溝通、家業經營或幽默樂活等內容，也常應邀到扶輪社、企業公司、醫師公會、保險公司，以及各種協會、商會演講。例如在當時的健保局，開辦一系列六次的「快樂父母成長班」；到屏東縣政府講一天七小時的課程等；有一次，曾應邀到「富台工程公司」在「高階主管會議」中演講，講題是：**「握緊兩個同心圓—談家庭和**

事業雙贏秘訣。」深受好評，僅兩小時，講費就獲得上萬元呢！

對於這一切珍貴的機緣和所受禮遇，我都充滿萬分的感恩，它帶給我無限的歡喜心和價值感；更是我回饋及報答父母、社會、國家栽培的重大恩情。

學海無涯　觸類旁通

教學相長　精益求精

（七）父母學分 人人必修

最近十多年來，我在全省各地積極推廣「親職教育講座」單場的或一系列的「快樂父母成長班」，傳授和推廣大家需要修習的「父母學分」，其內容主要包括自我成長、營養保健、課業輔導、親子溝通、情緒管理、管教秘訣、夫妻相愛、快樂父母、家庭經營等。都十分符合現代家長迫切需求的知識和方法。

1. 父母帶領 孩子成長

孩子每天都不斷地成長，他的身體天天在長高，他的思想也不停地在改變，到底是會變好或變壞，全靠像火車頭的父母領導，要隨時隨地給予引導、啟發及帶動，才能把孩子帶上成長正軌，邁向健康和快樂的人生旅途。

我們的孩子，在十六歲未成年以前，我們當父母的，就是他們法定的「監護人」就是要負責監督和保護他喔！我們既然生下了他，就應該好好教養他，讓孩子成為：

在家是好兒女，在學校是好學生，將來在社會是好國民。這樣才是善盡職責的好父母。

2. 父母功能 限時發揮

愛要及時，陪伴孩子成長要把握「**有效期限**」的，就是要趁著在他成長時期，特別是在他幼小及念小學和國中時段，在當下就要發揮教導功能，才能掌控時間上的效益的；就是必須在他青少年時期，你就要用心盡力去關照他們。那是「**今天不做，明天就會後悔**」的關鍵時刻，是不能等你以後有空閒時間才去做的事，這是身爲父母親，最迫切需要盡力做到的任務喔！

我常在演講開場時，就對家長說：合法父母並不一定是合格父母，所以需要透過不斷學習、成長，吸收專家的學識和經驗；教育孩子，需要隨時都有改善、改進或改變，才能做個稱職又快樂的父母。

如果你是未婚人士，那你是提早先來接受「職前訓練」，才能有備無患嘛；如果你是現任父母，就要及時快來「在職進修」一番，正可以現學現用喔！如果你的孩子已經出現管教難題，那你更要趕緊來「補修學分」及時調整管教方法才對啦！

3. 最大資產 好好愛護

當今社會急遽地變化，家庭結構也不斷受衝擊。要想能夠勝任新時代的好父母，必須積極修習「父母學分」，才能勝任教導新世代的孩子，做他們的良師益友或知音良伴，積極建立良好的親子關係，營造幸福和快樂的家庭。

兒女是父母最大的資產，你要好好愛護他，管教他，將來才能成爲社會上有用的人。你把孩子教育成功了，他就能順利地成家立業；所以，你不必留錢財給他，他自己就有能力賺得，而且會懂得孝順你，回報親恩。這樣做你就能「人財兩得」了。

要是從小沒有好好關愛他，教導他，不僅親子感情很疏離，家庭缺乏親情的溫暖，萬一不幸變成不良少年，長大後變成「社會敗類」，甚至做奸犯法而被判刑入獄，那你豈不像是丟掉一個孩子；同時，你更沒指望他會賺錢奉養你啦！這時，你才驚覺已經「人財兩失」了，眞是後悔莫及啦！

家庭是孩子第一個學校，父母就是第一任教師；要當教師，必先當學生，學習管教兒女的知識、能力、方式或技能等，才能做個稱職又快樂的父母。

父母學分必修課　及時教導才盡責
把兒女教育成功　就能夠人財兩得

（八）媽媽博士 兼善天下

世界上每個孩子都是媽媽生的，而且也由媽媽擔任較多的教育責任，要是媽媽都把兒女教育成功，社會上就再沒有壞孩子或做壞事的人，這樣，天下就可以太平無事了。但是，要怎樣做個稱職的現代媽媽呢?

我常說：**好父母是需要學習的，就像好兒女是需要教導的。**

現代工商社會，一切都向錢看，很多父母只顧忙著工作、賺錢，往往疏忽了教養孩子的責任，因而產生不少嚴重的社會問題，像親子衝突、家庭失和，甚至有虐童或弒親的現象；許多青少年問題，多是種因於家庭—曠職父母，顯現於學校—教育不當，惡化於社會—環境誘發。要想消除這種社會亂象，就是要找到根本禍源，那就要從「親職教育」做起，每個父母都能善盡自己的天職，把孩子教育成爲社會上有用的人。

我常說，父母把孩子教育成功，就可「人財兩得」，要是你教育失敗了，便會「人財兩失」的。不過，愛孩子雖是先天生成的，但是愛的方法，卻需要後天學習的。而且愛要講究方法，方法對，就親子雙贏；方法錯，就兩敗俱傷了。

因此，我呼籲政府有關主管社教單位或各地區教育機構，要大力提倡「全民親職教育」運動，能在學校、社區、教會、機關、公司或社團等，舉辦讀書會、成長班、演講會等各種方式，互相學習、交流或定期邀請專家來分享經驗。

多年來，我不僅到全省各地巡迴演講，更開辦了很多「快樂父母成長班」講授一系列的課程，每期有六到十二次的內容不等，都是對父母親很實用，而且迫切需要的知識和方法，所以廣受大家歡迎。

我在所寫的「父母成長班成果發表會」上、下兩冊書中，有詳細解說如何開辦成立、地點選擇、講師邀請、學員招募等，一直到如何舉行「成果發表會」等。用以提供給熱心的中、小學校或家長會，機構團體，讀書會或有心人士等，做爲舉辦範例或參考。其中也精選有一百篇媽媽學生，她上過我系列性的成長班後，所撰寫的收穫滿滿的心得報告，有興趣的讀者、學校或社團，可向國立中央圖書館或行天宮圖書館總館借閱，它們都有收藏我的書籍。

下面我把那兩冊著作中的，封底文字再轉載一次，提供讀者參考，讓你更能了解父母需要成長的重要。

※ 爲什麼要上「父母成長班」呢？

1. 投資爲理才

兒女是父母最大的資產，值得你我多投注心力去經營。你把孩子教育成功了，將來他自己能成家立業，你就可以人財兩得。要是你沒有把孩子管教好，萬一不幸淪爲社會負債，那你就會落得人財兩空了！

2. 學習做父母

參加「父母成長班」能使你在短期內學會，管教兒女的知識、能力、態度和方法等。幫助你在從事親職教育工作時，能夠增加成功的因素、降低犯錯的機率，和減短摸索的時間，你會很快就變成稱職又快樂父母喔！

3. 教訓當教材

這兩本書中選錄一百篇學員的心得報告。讀者可從那些眞實故事中，深刻體認到他們從疑惑、嘗試到改善、改進的成長歷程。別人的教訓就是你最好的教材，讀完本書，請您也趕快去開辦或參加「父母成長班」吧！

※ 您擁有合格的「父母執照」嗎？

1. 您是一位好駕駛嗎？

開車需有駕照，無照駕駛，不但危險而且容易肇禍。父母就像是一部家庭房車的司機，必須擁有合格的駕照，具備了優良的開車技術，並掌握了前進的方向和目標，才能順利地，帶領兒女走向理想的人生旅程。

2. 您是一位好家教嗎？

要當老師，必須先當學生：凡是科班出身的老師，都須修畢師範專業課程，才夠資格爲人師表。家庭就是孩子第一個學校，父母就是第一位教師；因此，好父母是需要學習的，就像好兒女是需要教導的一樣。

3. 心動就立刻行動啊！

「快樂父母成長班」就是專爲現任父母，提供在職進修課程，讓你研習必修的「父母學分」，使你快速成爲稱職又快樂的父母。心動不如行動，請看完本書後，就趕緊去開辦，或參加「快樂父母成長班」吧！

我曾經在台北市「萬芳國中」辦理的「快樂父母成長班」全期由

我主講十二次課程，當時的教育部社教司何進財司長，還曾蒞臨觀摩，並且十分讚賞呢！結業時，有一位許愼美學員的心得報告，竟以「媽媽博士」爲標題稱讚我。

她在文中誇讚說：**林老師擁有包羅萬象的才學，魅力四射的丰采，風趣幽默的口才，和誨人不倦的精神…。**

我實在愧不敢當，但願以此做爲努力追求的標竿，用以提昇媽媽的責任和地位，並且和天下媽媽們共同勉勵。

人生就像一場戲，自己就是最好的演員，又兼導演和編劇。想要演得精彩又如意，全靠自己多努力，當然也要掌握天時、人和及地利！

因病得福天助人助　掌握機緣改變人生

自求多福開創命運　回饋社會不虛此生

二、魔幻母親篇

(一)現代家務卿

現在已有不少學歷很高，且工作能力很強的職場女性，結婚又當了媽媽後，爲了教養兒女而走入家庭，改當全職媽媽和主婦了。她們雖然轉換了人生跑道，但仍然發揮她的智慧和魅力，成爲主導家庭生活的新興貴族。

我稱呼她們爲「現代家務卿」是借用美國最高行政首長「國務卿」一詞而來；因管理國務和家務，職務雖有大、小之分，工作卻無輕重之別。她們確實身兼數種要職，我就舉幾個例子，供你參考一下吧！

1. 家庭的理財家

她是家中的財政部長，掌管一切家產管理，或現金收支事宜；要買賣房產、投資股票、購買基金等，全由她去規劃、調配或應用。日常生活開銷如何量入爲出，她自有一套妙招。男人會賺錢，還須女人會管錢；家中財務若要在穩定中快速成長，非得借重她的金頭腦，精打細算一番不可耶！

2. 孩子的教育家

孩子幼小時當他的保姆、孩子王、家庭教師等，是義不容辭的事。到了就學年齡時，要選擇那個優良幼稚園，進入公或私立小、中學，全靠她多方面打聽消息，再仔細評估，最後才能定案。

平日每天來回接送上學，或上安親班、才藝班；晚上陪伴、指導或督促做功課，陪孩子上網找資料；假日陪他上山下海，搜集戶外教學教材，教導跟同學間的人際關係等。像這樣，積極參與孩子的學習、教育活動，那一樣不是要靠她用腦、費心、盡力去做呢！

3. 先生的外交家

先生職場的上司、同事或部屬，各類婚、喪、喜、慶等大、小事，太太不僅常要陪伴應酬，有時老公分身乏術，還得代夫出征；先生要升遷、想調職，常需靠太太打探內情，攀攀關係、套套交情等，好助他一臂之力呢！

有時親友要來調借錢財，或招攬投資，常須請太太出面代爲緩頰、應付；偶而老公脾氣發飆，說話得罪人了，事後還不是要拜託賢妻，設法去向人家賠笑臉、打圓場。

老公引來的這些家外事，要是沒有老婆百變神通，幫忙打理收拾，如何招架得住呢？請內人辨外交，老公可是面子、裡子都賺到了呢！

4. 家園的設計家

新家要規劃佈置，舊家要重新裝潢等，從設計、選材到監工，那一樣不是靠主婦去打點安排。日常傢俱的清理，各種用品的維修，家園的美化等工作，那一樣不是要靠她去費巧思、求創意，才能天天保持光鮮亮麗。

家務工作類多項雜，主婦要不是具備三頭六臂的充沛體力，每天二十四小時待班，從不打烊的敬業精神，家人那能擁有舒適的安樂窩，溫暖的避風港呢！賢內助可不是浪得虛名的耶！

5. 自主的學習家

主婦每天早上照顧先生和孩子，上班、上學後，一直到傍晚他們回家前，她就是最有價值的單身貴族了。正可配合需求和志趣，自我進修、追求成長一番；社會不斷前進，主婦腦袋也要跟進，才能跟上時代潮流。

例如在家可抽空，讀書、看報、閱讀雜誌或看手機、電視等吸收即時資訊；外出可參加的成長團體就更多元了，知識性的例如讀書會、理財講座或父母成長班等。健身性的如外丹功、韻律操、太極拳等；才藝性如烹飪班、插花班等；娛樂性的如歌唱班、舞蹈班等。

此外，更可選擇當志工，到學校、育幼院、公益團體等機構服務。主婦行有餘力，就要奉獻心力，幫助別人，也可成長自己耶！

6. 快樂的生活家

現代的全職主婦，更要懂得安排生活了，她們會規劃時間，所以能忙而不亂，緊而不迫，日子過得充實又自在；處理家務，她們會利用資源，借力使力而不費力。例如烹調飲食、洗衣、擦地可交給家電用品代勞。管教兒女，則是儘早訓練孩子獨立、自主等生活自理能力。

至於，對待老公的法寶密技，除了溫柔、體貼外，更要使出「軟實力」功夫，灌輸兩性平權，及家事分工等新觀念。雖然，別人的孩子比較不好教一婆婆生的，但要深信「滴水能穿石，鐵杵可磨成繡花針」，只要耐心又堅定地做下去，就不信他會「頑石不點頭」啦！

當然，她也不忘要提昇精神生活，利用星期假日，請先生放下事業，孩子丟下課業，規畫及安排全家人，一起從事休閒活動，像戶外的郊遊、爬山或遊樂場，或參加各種藝文或親子活動。

此外，拜訪長輩親友，增進關懷情誼；探視孤兒院或養老院等弱勢同胞等，散播歡樂分享愛！

這樣安排做法，不僅能調劑緊張的生活，放鬆身心壓力，而且可凝聚家庭的向心力，更能增進人間的友愛溫情呢！

現代家務卿，不僅能獨善其家，更能兼善天下喔！

現代的全職媽媽和主婦，曾經接受高等教育，讀了那麼多書，就是要把知識轉化成智慧，並在生活中以行動實踐出來！

現代家務卿，是協助先生事業發展的好幫手，是陪伴兒女健康成長的好推手，更是帶領幸福家庭的的好舵手！

現代主婦志氣高　多才多藝學識好

不斷成長求進步　家庭幸福真是寶

（二）現代新貴

現代一般核心家庭的全職媽媽，往往也是專職主婦，她們身兼數項要職，但扮演的角色卻是相輔相成，很難加以區分輕重的。

現代的家庭主婦，早就突破了傳統的刻板形象，她們不再是畏首畏尾的小媳婦，也不是沒見過世面的黃臉婆，更不是邋遢寒酸的苦命女了。

事實上，由於婦女教育水準的提高，家庭經濟能力的優渥，社會資訊傳播的便捷，再加上個人不斷追求成長的結果；當今的全職主婦已躍升爲新興的貴族了。

她所擁有的獨立、自由、教育或享受等特權，早就可以媲美古代的皇后娘娘了，甚至有過之，而無不及呢！這話從何說起，且聽本尊擇要舉證幾例，就可立見分曉了。

1. 花錢自由多

主婦不須外出打拚賺錢，要花錢隨時就有錢可用，因爲先生就是「搖錢樹」，他的錢就是你的錢，你只管用就是了。

常聽職場女強人說：**女人要自己會賺錢才有尊嚴！**

我卻說：**女人要能叫老公賺錢給她花，才令人尊崇呢！**

不過，賺錢要靠技術，花錢則要藝術，主婦也要懂得管錢之道，錢財固然一把抓，理財也要一把罩，才能讓另一半口服、心服外，更加佩服你哪！

2. 掌權可夠多

爲了落實「男主外，女主內」的專業分工，主婦當然就是一家之主了。家中衣食安排，起居作息，全由她發號司令；財產買賣，股票投資，家用收支，都歸她一手經辦；兒女就學，選校選科，就靠她廣搜資訊，評估抉擇；親友往來，人情送禮，總是由她考量應對…。主婦可說是集家中內政、財政、外交等大權於一身。

不過，享有權利也應善盡義務，主婦必須不斷追求各種知識、見識或膽識，發揮她的智慧和長才，才能把家業經營得蒸蒸日上，家運更加興盛昌隆耶！

3. 進修管道多

現代各種傳播媒體發達，可讓「**主婦不出門，能知天下事。**」在家打開電視、手機、電腦、收音機等，古今中外、包羅萬象的節目，立刻呈現眼前、耳際。它提供你時事新聞、財經要聞、科技發明、保健新知等。讓你掌握社會脈動，成爲走在時代尖端的新女性。你可挑選精進本業的節目，像夫妻相處絕招、親子溝通妙方、養生保健秘訣、家庭理財高手、人際關係經營等。

此外，各種傳播媒體，更有五花八門的中、外節目，許多妙聞趣事，讓你怡情悅性，天天開心。如果，你想反客爲主，便可閱讀書報、雜誌，或者聽隨身碟、看Line，更可利用手機、電腦上網，溝通全世界，眞是無遠弗屆！

主婦不停的學習新知，必能豐富心靈、拓展視野、提昇生活品質。更要把所學心得，濃縮成「**知識維他命**」或「**心靈大補丸**」利用茶餘飯後的時間，和家人分享一番，可說是一人成長，全家受惠了。

4. 家事幫手多

主婦處理家務，項目隨興調換，作息時間自訂，獨立作業，無人監管，何況助手多多，可說僕從如雲哪！你看！烹調三餐飯菜有電鍋、火鍋、烤箱、微波爐等爲你服務；洗衣交給洗衣機、烘乾機負責；擦地全由掃地機代勞…。

這些忠僕，隨時隨地等候差遣，它們不請假、不偷懶、不罷工！因此，主婦工作省力又沒壓力，生活悠閒又有空閒，抽空注重保養、保健；難怪現代新貴族，個個在家是賢婦，出外像貴婦，人人長生不老，個個青春永駐。

5. 享受花樣多

主婦在家工作或外出進修之餘，若想慰勞自己，享受一下生活，可說是吃、喝、玩、樂，一應俱全；打開冰箱，要吃香喝辣的隨你挑；要點心、水果任你拿；想喝冷飲可塡冰塊，要泡熱茶有開飲機，…。萬物皆備於我，無限供應，歡暢到底！

飽享口福之外，來點眼福、耳福吧！打開電視的娛樂台，說、學、逗、唱立刻來，包你爆笑彎腰直不起來；放部喜劇影片，讓你從頭到尾樂翻天。沒人跟你爭頻道，更不怕有人被你吵到，人人盡情享福，個個歡樂幸福！

想聽點美妙的音樂，新潮動感、抒情老歌或古典名曲的…。全看你的心情來點播，有時躺在沙發上閉目聆聽，有時隨興跟著曲調哼唱一段，甚至隨著舞曲扭腰擺臀幾下，…。有誰管你五音不全？誰會評論你舞姿如何？只要我喜歡，又沒妨害別人，有什麼不可以？

6. 自由可眞多

「家庭管理」是名實相符的自由業，家庭就是她的個人工作室，家園隨興變化佈置，汰舊換新買傢俱，調換櫥櫃、沙發隨你意；更換各種擺飾品，淨化、綠化、美化隨時做，滿室頓覺像新窩，讓家人刮目相看，嘖嘖對你稱讚！

至於三餐調理飲食，更可自由上菜，吃膩了魚肉飯菜，就來個麵食、牛排；想來個什錦火鍋，食材自己選購；想吃春捲、炸雞，則自個兒發揮創意。讓爐邊彩虹散發出無窮魅力，全家人吃得好歡喜，更能吃出健康和活力。

7. 外出活動多

每天送先生上班和孩子上學後，一直到他們下班、放學前，你就是最有價值的單身貴族了；你可以自由支配自己的時間。如果想向外發展，更是海闊天空，外面花花世界任你悠遊。若想上進求知，那麼社教館、文化中心、紀念館或文教基金會等，舉辦的演講會、座談會等，都可去挖寶求精進；要學才藝，各種烹飪班、語文班、口才班、寫作班、健身班…，任你挑；若純想消遣、娛樂，則看電影、聽音樂會、唱卡拉OK，或者約三、五位好友，喝咖啡聊是非，聯絡感情、交換訊息，就隨你歡喜！

親愛的姊妹同胞們，你還喜歡我們多采多姿的生活嗎？隨時歡迎你加入我們的行列，做個在家上班的新貴族吧！

風水輪流轉　主婦當自強
權益要爭取　幸福靠開創

（三）媽媽像什麼

現代社會盛行的核心家庭裏，媽媽確是一家之主，她掌管了家人食、衣、住、行、育、樂等許多生活大事；尤其是孩子在幼小或青少年時期，媽媽更具有多重身份和角色，今且舉出數例說明吧！

1. 開心果

孩子有事沒事就要鑽進媽媽懷裏，要求講故事、說悄悄話或搔搔癢逗著玩，都能讓小寶貝樂開懷。要是孩子不小心跌倒或擦傷，媽媽立刻給你敷呼幾下，就感覺不太痛了，再多安慰幾句，他就破涕爲笑了。等孩子長大懂事些，還會主動出擊，

要求說：**媽咪啊！好無聊耶，快說一、兩個笑話給我聽吧！**

於是媽媽努力說得幽默、風趣，笑話連篇，而孩子聽得心花綻放，爆笑連連，媽媽就變成了家裏的「笑長」，更是大家的開心果了。

2. 魔術師

媽媽會把生鮮的魚、肉、蔬菜等，經由洗、切、煎、炒等過程後，像是揮動仙女棒般的神奇，很快就變成色、香、味具全的，佳餚美食端上桌了，讓全家人吃得開心又滿足。

她會把早上又臭又髒的大堆衣褲，經雙手和洗衣機的魔法，晚上就變成香噴噴的潔淨華服，讓你穿出門面子十足。還會把雜亂的房間，整理成潔淨的安樂窩，讓你夜夜高枕無憂；更神奇的是，她會把你傷心的淚珠，經她撫貼的安慰話和熱情的擁抱術，就轉化成陽光中的彩虹雨呢！

3. 救火員

當我們趕著上學或上班，常常忙中出糗，忘了帶文件、用品等，幸好有媽媽在旁叮嚀、提醒，才免於失誤、出紕漏。偶而她還須扮演「快遞員」，限時專送急需物品，及時化解危機，可免陷入水深火熱的災難中。媽媽總在危急時刻，及時拉你一把，救你一命，十足是家庭中的救火員喔！

4. 護理師

兒女成長過程中，難免會有感冒、發燒或頭痛、肚子痛等毛病，媽媽來回護送看醫生外，回家休養期間，隨時噓寒問暖照料，按時遞開水、吃藥；要是有連夜咳嗽、高燒不退時，媽媽就是徹夜不眠的護理長了。

如果家有氣喘兒、過敏兒、過動兒或智障兒等，母親還須學會專業的照護知識及急救要訣，那媽媽就是專屬的特別看護了。媽媽溫柔體貼，無微不至的照顧，兒女才能平安、健康地長大。

5. 垃圾筒

孩子在外頭受了委屈，積了怨氣，回到家就一股腦兒倒向媽媽懷裡哭訴，媽媽只有用心傾聽，隨著他的情緒起舞，接納孩子的心靈垃圾，讓他一吐為快；隨後再發揮同理心，從垃圾中做資源回收，製成安慰劑或解惑丸，回送給孩子服用；孩子果然能藥到病除，露出神清氣爽的笑容，堅強地面對明天的挑戰了。

6. 列車長

平日爸爸忙著上班，孩子忙著上學，媽媽總是安排「家庭假日」每逢星期例假日，安排各式休閒活動。最好是戶外活動，如爬山、郊遊、野餐、泡溫泉等，享受大自然的良辰美景；或參加親子活動，學習互助合作的團隊精神；或是參觀博物館、藝術館等藝文活動，以拓展心靈視野。

如此安排，必能收到調劑身心、紓解壓力功效，更可增進全家人良好的互動和情感。媽媽精心的安排和計劃，就像歡樂號的家庭列車長，帶動家人奔向健康、快樂大道！

媽媽白天像太陽　發揮光亮和熱情
晚上變成像月亮　散發溫馨和柔情

（四）現代媽媽分身多

現在由夫妻和兒女組成的小家庭，全職媽媽也是專職主婦，可說是家中的核心人物了。因爲上無公婆可請教，中無妯娌可支援，下無姑叔可幫忙。家中一切大、小事，全靠自己一肩挑起，因此，本尊時常化做各種分身，下列數件要職，更是非她莫屬的超級任務。

1. 保健的守門員

飲食爲保健之母，有人說：廚房就像藥局。因此食補勝過藥補，媽媽就是家庭的營養師了。平日烹飪三餐飲食或使用油、鹽、醬、醋等，調配適量就是保健身、心的食物，所謂：**吃出健康，吃出聰明；吃出疾病，吃出愚笨。**

因此媽媽必須隨時吸收各種營養、保健知識，烹調出新鮮、營養、衛生和美味的三餐。此外，她還要注重孩子的睡眠和運動。她就是爲全家人健康把關的守門員。

2. 先生的秘書長

身兼妻子和母親的角色，就得努力扮演先生的「秘書長」和孩子的「傳聲筒」，搭起父子溝通的橋樑。先生爲事業打拼賺錢養家，早出晚歸，較少有時間陪伴兒女。有時又要加班、出差或出國，更容易造成情感上的疏離，而產生了親子間的代溝問題。身爲妻子就要隨時把握機會，向孩子的爸爸作簡報，說明兒女的現況，分享生活中的喜樂，或分擔遭遇到的煩憂。讓先生充分掌握兒女成長的軌跡。

媽媽更要多鼓勵孩子利用電話、手機或電子郵件等通訊管道，跟出外工作的爸爸表達關懷、慰問或祝福的話。如此，既使爸爸人在天涯，卻彷彿心近咫尺，只要親情的熱線不中斷，兩顆心就能緊緊連結成一串，親子能共享天倫之樂，全靠媽媽的巧思和安排了。

3. 孩子的領航員

全職媽媽是兒女幼小時的專任保姆，愛他千遍也不厭倦；稍長後變成貼心玩伴，隨時陪他追、趕、跑、跳、碰做運動；孩子上小學後，變成接送上下課的專任書僮，及課後輔導的家庭教師。

孩子上國中後，要關照的層面就更廣泛了，要滿足他的生活和心理需求，要教他學會自我保護，撫慰他陰晴不定的情緒風暴，更要化解他對生命的疑惑等。

媽媽不僅是要當孩子的知音良伴、生活導師，更是孩子成長旅途中的領航員。

4. 歡樂的火車頭

媽媽是帶動全家人，享受歡樂時光的火車頭。她要選擇合適景點，決定開車路線，準備出遊用品，甚至全程當導遊或專任司機呢！

趁著週休二日或假期，先生放下事業，孩子擱下課業，媽媽更要丟下家業，全家人遠離都市水泥叢林，奔向大自然的懷抱中…。找個僻靜的山澗水涯，走一走鄉間小路，讓軟泥按摩你僵硬的腳底；流一流熱汗，讓清風疏通你閉塞的毛孔；鑽進樹林間，讓芬多精爲你洗淨蒙塵的肺葉，貼近瀑布旁，讓陰離子爲你紓解身心的壓力…。大夥兒歡聚在一起，品嚐媽媽精心調製的野餐，親子開心地談天說笑，親情悄悄地加溫融合，共享千金難買的溫馨時刻！

現代媽媽像是家中的小太陽，日以繼夜不停地轉動，散發出無限的熱力和光芒，溫暖了每個人的心窩，更照亮了整個家園。

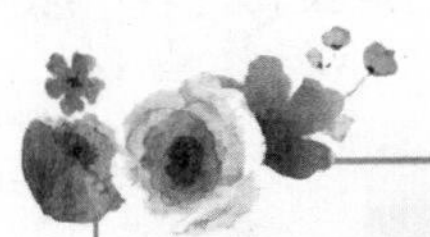

現代媽媽是珍寶　努力成長智慧高
三頭六臂展長才　營造家人樂陶陶

（五）去愛孩子的媽

有位新手爸爸問老爸：要怎樣愛孩子？

老爸堅定地說：先去愛你孩子的媽吧！

其實，愛她很容易，只要從小處著手就行了，我謹以過來人身份，提供五點建議，給現任爸爸們參考，你能努力做到後，今後必定可以：**生活事事順利，夫妻恩愛無比；兒女健康成長，家庭和樂如意！**

1. 感謝她

你孩子的媽，就是你的親密愛人，也是你家免費的保母、廚師、管家和台佣等。她終年為你辛苦打拼工作，可是家中的房子、車子和銀子一銀行存款簿，卻都沒她的名字，就連自己生下的孩子，也是冠上你的姓氏。

她大半輩子相夫教子的貢獻，你雖然看在眼裏、放在心裏，就是不會從口裏，說出半句感謝的話語；也許，你認為那是「理所當然」的事，可是她卻常存「豈有此理」的怨嘆，難怪她常有不甘心、不情願和不爽快的鬱卒心情。

俗話說：**好話一句，做牛馬都願意！**

能聽到對方感謝的話語，就能給替他做事的人很歡喜！從今以後，拜託你要對她，為你和家庭所付出的辛勞，及時說出感激或稱讚的話，例如：

「謝謝喔！辛苦你了！」、「感謝你，有你眞好！」、「親愛的，你做的眞棒喔！」等。

你能眞心說出感謝或肯定她的話，就是她最好的快樂丸和安慰劑。你倆的感情也會更加親密，受益的還是你，如此舉口之勞，利人利己的事，何樂而不爲呢?

2. 支持她

爸爸常在外頭忙著工作或事業，家中管教兒女的事，就落在媽媽的肩膀上；所以當媽媽在教導或處罰孩子時，爸爸若不十分瞭解實情，請不要隨意說話或插手介入，以免攪壞了當場局面，這是對媽媽人格的尊重。

或許你對她的管教方式有不同意見，那麼，你可以在事前先溝通，建立共識；或在事後再檢討，尋求改進才是；就是千萬別在她管教孩子的時刻，當下唱反調，說風涼話，扯她後腿，甚至反過來數落她的不是。

面對雙頭馬車的分歧領導，孩子更有無所適從的困惑，最後演變成孩子看著你倆在爭辯、吵架。這樣做法，不僅讓她今後管不動孩子，也讓媽媽的尊嚴和面子喪失殆盡，這是令她多麼傷心的事呢！

所以拜託爸爸們，當媽媽正在管教兒女時，你要嘛就裝著沒看見，閃到一邊涼快去；但若你眞想助她一臂之力，那麼，請順著媽媽的心意，給她支持或打氣，例如，

對孩子說：**你要聽媽媽的話喔！**或是說：**媽媽是爲你好，快照她說的去做啊！**

眼尖的孩子，一見爸爸也附和媽媽的做法，只好乖乖地聽話。如此同心協力，雙管齊下，管教的效果自然會有加分的成效了。

爸爸的支持和合作，跟媽媽站在同一陣線上，不僅是讓她有了助力和靠山，而且不會讓她在教養兒女的路上，感到孤單無

援，甚至心寒或洩氣。爸爸能理解媽媽的苦心，進而助她一臂之力，就是愛護媽媽最好的明證了。

3. 疼惜她

常見爸媽一塊兒外出，爸爸空著雙手輕鬆走，媽媽卻是背上揹一個孩子，手中又牽一個；而爸爸卻單獨走在前面，又頻頻轉過頭，催促媽媽走快一點；也常看見兩人外出購物，太太左抱右提了好幾包物品，先生卻是兩手像是掛著兩串香蕉，輕鬆晃著走，讓人看了都誤以爲是不相干的同路人，媽媽更有著被遺棄的孤單和無奈。

各位爸爸們，請您多體貼一點，也許你並不知道，一般媽媽在懷孕或生過孩子後，腹腔內的子宮、膀胱或胃腸及其周邊器官等，常會變得鬆弛些了，要是時常提重物或走太快，便容易有下垂現象，嚴重的還有墜落掉出體外的危險，必須開刀救治呢！

因此，我建議今後你倆一起外出時，請你走路步伐放慢點，速度跟她配合一下，最好是配合她的腳步，牽著她的手一起走；若需要提重物，也請身強力壯的你，盡量多分擔一些，她會對你感激不盡的，回報給你無限的溫柔，和貼心的照護。可愛的爸爸，請多多疼惜可敬的媽媽喔！

4. 幫忙她

常言道：**媽媽的健康，就是爸爸的幸福。**

爸爸傍晚下班回家時，也要花點時間，幫忙做點簡單的家事，像把孩子帶開，或陪孩子遊玩，讓媽媽可專心做飯；或幫忙洗碗、擦地、倒垃圾等家務，減輕媽媽的工作負擔；愛她不是掛在嘴上，而是在生活上，時常幫她分憂解勞，這是你對媽媽表現體貼的最好做法，比送她珠寶、禮物更管用的，媽媽一定會感激不盡的。

生命的所有權雖是她的，但使用權往往卻是操之在你，你可要對她節省著用，別讓她的青春和健康折舊得太快，甚至提早傷殘或報廢喔！

要是有那麼一天，她勞累過度或身心俱疲，而突然生了一場重病，或意外一病不起了，那可不僅僅是你一人的損失，而是全家大小的大不幸喔！到那時候，你可別責怪孩子的媽，沒有給你提警告，而是你長久以來，都忽略了她沉默的抗議喔！

5. 珍愛她

有人說：**媽媽的笑容就是家中的光明燈。**

可見有快樂的媽媽，才有快樂的家庭。總之，媽媽是全家人的生活和精神支柱；不論你為己、為她或為家人，你都應該好好珍愛她唷！

我只不過是代表天下許多媽媽們，說出大家心裡的真心話，提供以上良心的建議；但願天下的爸爸們，都能夠從善如流，心動就立刻行動吧！決心去做，永不嫌晚，現在開始，正是時候！

世事難料誰知道，千金難買早知道；萬般可恨不知道，後悔沒有特效藥！

親密愛人我的她　全心盡力忙無暇
體貼疼惜多寵她　努力讓愛住我家

（六）媽媽跟家

1. 家的涵義：

(1)「家」從中文字面上來看，就是房子內養了一窩豬，可見家庭是負責提供食、衣、住、行、育、樂等六大民生基本需求的場所。而英文的「家」—**Family**，這個字更有趣，只要摘取組成這個字的頭一個字母：**(F)**ather **(a)**nd **(m)**other **(I)** **(l)**ove **(y)**ou.就能組成「Family」了。而這也正好點出了完整家庭的意義。

(2)有家就有愛。

有一個人走遍世界要尋找愛，回家才發現愛就在家裡。

(3)家就是天堂。

人類祖先亞當和夏娃，天堂是他們的家；而身爲後代的你我，家就是天堂。

(4)家是個人生活的城堡，任何人無權隨便侵入。

(5)家人彼此才可傾聽、接納、包容、瞭解、諒解、相愛…。

(6)家人可以坦白地分享喜樂，分擔憂傷；誠實以對，眞心相待，不足以跟外人說的，在家裡都可以直言無諱。

(7)家永遠歡迎你。

家是無論你在外頭成功或失敗時，仍然伸出雙臂迎接你回來的地方。

(8)家是加油打氣的避風港，不是雞飛狗跳的暴風圈；

家是談情說愛的安樂窩，不是說教論理的是非地。

(9)陪伴是家人最大的幸福。

每天跟家人一起分享一點時間，在廚房、客廳、陽台或房間角落等，隨意說說、聊聊一天的喜、怒、哀、樂等大、小事情；因爲快樂分享可增倍，痛苦分擔可減半。讓交輝的眼眸，相望的笑臉，溫馨的話語，久久迴盪在腦際，溫慰在胸懷。相聚在一起是家人最珍貴的時光。陪伴才是最好的照顧。

(10)家是一座避風港。

父母就是守護在港口的燈塔，永遠佇立在岸邊等候，爲漂泊在外的船隻，指引一條光明和回家的航道。父母爲家庭兒女付出一切心力，可說是情重恩深；因此，要請身爲兒女的你我，在出外打拼或追求夢想時，也要記得時常打電話回家報平安，更要抽空回家探望，陷入孤獨空巢的二老，共享往日家的溫暖和歡樂，以慰慈懷，和回報親恩。

(11)家人是永遠的親密愛人。

先賢有言：**毋以小嫌疏至戚，毋以新怨忘舊恩。**

家人間難免偶有誤會或怨怒的事，但是，過去了就要算了，就忘掉它，千萬不要再提起、計較或記恨在心，因爲原諒別人，就是寬待自己；並且要努力設法彌補或重修舊好。因爲家人是你這輩子的親密愛人。

(12)家就像是一座花園。

家人間的親密關係，就像照顧花木一樣，需要時常除草、施肥、灌溉等，細心長久的照料，才能長得茂盛蓬勃又美麗。健康的花園是充滿能量，生機盎然的；良好的親密關係可以滋養每個人的身、心、靈，讓彼此都有很好的發展空間，不斷的成長、茁壯，開出滿園的花朵。

(13)家庭是孩子第一個學校，媽媽就是第一位老師。

(14)一切的愛都是起源於家庭。

家是一個充滿愛而沒有競爭的天地。

(15)家庭不但是身體的住所，更是心靈的寄託處。

(16)有家我們才有歸宿，有家才有安全感，家和萬事興。

(17)沒有一個家的人是流浪者，有兩個家的人是放蕩者。

(18)任何事業的成功，都不能彌補家庭的失敗。任何成功都無法取代一個溫暖的家。

(19)每天回家的黃昏時光，就是全家人歡聚的黃金時刻，要多把握和珍惜喔！

(20)只有在溫暖的家裡，才能滿足心理學家「馬斯洛」所說的人生五大需求。

(21)你已多久沒回家了?多久沒和家人聯絡了呢?

請快打個電話、手機、寫封信或傳個簡訊，報個平安吧！最好能設法回家看看，很想念你的父母和家人，也讓他們看看久別的你啊！不論你飛黃騰達或失意落魄，他們都會衷心的接納你回家；更想知道，你是否一直都很安好過日子?請立刻行動吧！好讓家人安心，更不再讓年老的爹娘，一直魂牽夢繫掛念你啊！

(22)家人是互助互利的。

父母是家庭的兩尊活菩薩，當他們越來越老時，你回來探望他們，不要以爲你只有付出時間、只有給予物質等；其實你也從他們那裏獲得溫情、撫慰或療癒的，那是雙向的交流，更是互助互利的雙贏。

(23)家是世上最美的風景。

有一位畫家，走遍全世界要尋找最美的風景，旅途中遇到一位傳教士，便請問他：世界上最美的東西是什麼?傳教士肯定地說：當然是「信仰」。接著又遇到一位待嫁的姑娘，問她同樣的話，她說：是「愛情」。後來又問到一位軍人，軍人鄭重地說：當然是「和平」。

畫家苦思又嘗試畫了很久，根本很難畫出「信仰」、「愛情」和「和平」的圖像，最後，只好絕望地收拾畫具行頭，垂頭喪氣地踏上返家歸途。

當他到達家門口時，發現妻子、兒女都露出歡欣的笑容，熱情地在家門口迎接他，看到這幅動人景象，他立刻流下狂喜和感動的眼淚，這時才恍然大悟，原來他外出尋找多時的風景，其實就是眼前這一幕：

孩子對自己的依賴，也是一種「信仰」；妻子的體貼溫柔，正是「愛情」的明證；家人溫馨和樂的氛圍，不就是「和平」的象徵嗎?

原來，世界上最美的風景，就是可愛的家啊！

(24)家是父親的王國，母親的天下，孩子的樂園。

(25)守護你的人。

媽媽煮的菜沒有外面的好吃，但不添無益的調味料，對身體健康有益；媽媽說的話，往往沒有外面的動聽，但全都是真心的關愛；外面的煙火雖然燦爛，卻沒有家裡的燈光溫暖。媽媽就是在家中，守著燈光、等候著你的人。

2. 歌頌家的歌曲

家像一首溫馨又甜美的歌，下面兩首歌，十分寫實又感人，謹把歌詞轉載如下：

甜蜜的家庭　詞和曲：Sir Henry Rowley Bishop

我的家庭真可愛　整潔美滿又安康

姐妹兄弟很和氣　父母都慈祥

雖然沒有好花園　春蘭秋桂常飄香

雖然沒有大廳堂　冬天溫暖夏天涼

可愛的家庭呀　我不能離開你

你的恩惠比天長

我們都是一家人　詞和曲：台灣 原住民古調

我的快樂 來自您的笑聲

而您如果流淚 我會比您更心疼

我的夢想 需要您陪我完成

而您給我的愛 讓我勇氣倍增

因為我們是一家人 相依相信 彼此都感恩

因為我們是一家人 分擔分享 彼此的人生

以上所舉各項家的特點和益處，都是因爲有一位媽媽在家守候著你、管理家務，經營家業，一輩子爲家付出和奉獻。

我婆婆常說：**爐灶不生火，屋裡沒點燈，就不像個家。**

西元2012年諾貝爾文學獎得主，中國作家莫言先生曾說：

千里縱橫，你總得有個家；萬衆首領，你也得有個媽。

媽媽守著家，守候著你們，她就像是維繫家庭圓滿的桶箍，用無止盡的愛，緊緊圍攏住全家人的情感。媽媽跟家的連結，就是如此緊密而不可分啊！

媽媽是家中的光明燈　照亮遊子回家的路

媽媽是家中的活菩薩　庇佑家人安樂無數

（七）無可替換的角色

1. 會飛上天的媽媽

1986年1月美國太空梭「挑戰者號」，升空七十三秒後就爆炸了，七名太空人全部不幸罹難；其中有一位優秀的社會學女教師，名叫克里斯塔・麥考利夫，她是從1萬多名競爭者中，殺出重圍，獲得最後勝出的。1985年七月當她被宣佈當選爲第一位女太空人時，許多人都非常羨慕，並紛紛到她家中道賀；那時，我在電視上看到實況轉播的畫面：有一位電視台記者在陽台上，剛好遇到她約三、四歲的女兒，

就隨口問她：**你媽媽要飛上太空了，你一定很高興吧？**

這時她手上正拿著冰淇淋舔著，卻搖搖頭說：**不！我才不要媽媽上太空，我只要媽媽陪伴我就好了。**

這個意外的回答，竟讓記者傻眼，只好尷尬地笑著就走開了。

慕凡笑說：在小孩子眼中，她需要媽媽陪伴，比媽媽要飛上天的光彩更重要耶！

2. 拿金鐘獎的媽媽

據報載：電視名人張X燕女士，她女兒還很幼小時，有一次夜裡一直哭鬧不停，她想盡各種辦法，都無法安撫得住孩子不哭，當時難過地啜泣著說：**我在電視界贏得的金鐘獎，若能交換讓女兒不哭鬧，我都願意。**

慕凡笑說：金鐘獎是代表個人事業上最高的成就，但是，它的功效竟抵不上做母親的成果，勝任母親的重要角色，才是無敵英雄耶！

3. 很會唱歌的媽媽

報上曾登過：名歌唱家簡X秀的女兒，小時候曾說過：

我寧願有一個會煮飯給我吃的媽媽，我不要一個會唱歌的媽媽。

慕凡笑說：在小孩子眼中，媽媽能滿足她的衣食生活需求，更勝過媽媽本身出色的才華表現啦！

4. 名人名嘴談「媽媽」

英國諾貝爾文學獎得主，知名作家威廉．高登曾說：我覺得一直以來，女人都遠比男人優秀；無論你給一個女人什麼，你會得到更多回報。你給她一個精子，**她會給你一個孩子；你給她一個房子，她會給你一個家**；你給她一堆食材，她會給你一桌美食；你給她一個微笑，她就會給你整顆心。

慕凡笑說：這就是能夠像變魔術一般，不斷幻化出各種超能力的魔幻母親啦！

5. 下面是許多名人或名言，對母親的評價或讚美：

※ 上帝不能照顧每一個人，所以賜給每人一位母親。

※ 媽媽是變裝的天使，日夜守護著兒女。

※ 母親握住孩子的手是短暫的，但牽掛孩子的心卻是永遠的。

※ 媽媽這個角色和貢獻，是由生活中付出的點滴累積而成的，你要用心體會，才能感受到她無窮盡的愛。

※ 一個好媽媽勝過一百個好老師。

※ 一個母親值得一百個傳教士。

※ 誰在我跌倒時，將我扶起；誰給我創痛的地方一個吻？唯有我的母親。

※ 慈母的愛是兒女的天堂。

※ 媽媽的愛，像燦爛光輝的朝陽，溫暖又明亮。

※ 母親是孩子未來命運的創造者。

※ 媽媽的笑容是孩子的百憂解和光明燈。

※ 媽媽就是維繫全家人的金箍桶；她是維繫圓滿的匝環，有了她，家就永遠不會散開、鬆垮掉的。

※ 超人媽媽：媽媽十項全能，除了不能飛，簡直跟超人沒什麼兩樣。

※ 媽媽就是：能搞定全家人的平安喜樂，她是擁有全方位魅力的母親。

※ 在女人的權利和光榮角色當中，最大的成就是成爲一個母親。

媽媽慈愛和貢獻　真是千金不能換
有媽的孩子是寶　要多回報討心歡

（八）母親的故事

我選錄了下面幾則母親的故事，跟大家分享：

1. 誰是接班人？

我在一本「蒲公英希望月刊」，看到下面這一篇幽默風趣的文章，標題是「誰是接班人?」可惜並沒有署名作者，但頗能表達出母親地位的重要，特別轉載如下：

網路上有一則熱門影片：尋找合適的高階主管接班...。

這則徵人啟事，激起許多人躍躍欲試，面試當天，應徵者大排長龍…。經理宣布：請應徵者一一到會議室面談，我們會詳細介紹這份職務的內容，凡有意願者，我們都可以開缺！

經理又誠懇地說：這是一份高階的工作，十分重要，卻萬分辛苦。須具備人際溝通、財務管理及健康照護等專業，更需要有良好的體力、腦力和心力，每周工作約135小時，須隨時配合加班、調整工作事項，並且完全不支薪。

此話一出，眾人面面相覷，交頭接耳地議論這場面試的可信度，有人甚至氣憤地離去…。

各位朋友，此刻有數十億人，正在做這份工作，就是「母親！」

原來，**這是個慈善計畫，要提醒人們在生命中，人人都需要一個不可或缺的角色—母親**。母親帶給孩子的價值是無法計算，也無可取代的，她的職責無限、不分日夜付出，也許，她並不完美，無法滿足每一個需求，但她用無微不至的愛與付出，孕育了無數個美好生命，成就一個個完滿的家！

2. 最大的成就

我又在另一本刊物上看到標題爲「最大的成就」這篇文章，只有寫編譯：保羅，並沒寫作者，我讀後深受感動，特別轉載如下：

我生長在一個大家族中，從小深信惟有出衆強勢，才能受人肯定重視。長大後，我成爲名作家、資深顧問和專業演說家。成就愈大，愈是孜孜營營，追求超越巔峰。雖然結婚身爲人妻，但爲追求名利，我必須犧牲家庭親情；但同時又感覺有事業獲益，卻追求不盡，難以滿足。

因爲我把時間心思都放在事業上，故而延誤生育計畫；並且我只要一想到有了小孩，許多夢想將無法實現，便不由膽顫心驚！即使朋友勸告、家人壓力，似乎都無法改變我的決定。

就在我四十二歲那年，當時還有三本書的出版計畫；但計畫永遠趕不上變化，以爲不可能懷孕的我，竟然意外懷孕了！丈夫歡躍、家人欣喜、朋友的祝賀更接湧而來。這時，所有身邊人關注的議題，不是我的事業成就，而是結婚十八年來的我，居然懷孕了。

有朋友說，很多人聽到我懷孕的消息，站著的都要扶好牆，以免昏倒！還有失聯二十多年的同學，寄了小嬰兒的禮物給我。就連許多陌生的讀者，都爲我這個高齡產婦祝福禱告。頓時，我發覺自己作爲孕婦所受到的矚目，似乎比從前任何書籍暢銷都爆紅！

兒子出生後，當我握著他沉睡中的小手時，感到無比喜悅，遠勝所有名流學者對我的握手祝賀。如今，遇上有人問我：「妳最近都在做些什麼啊？」

我已不再向他們推薦我的著作，而是拿出兒子的照片，與他們分享，細數育兒經，感到無比得意滿足。如今我深知，兒子，才是我最珍貴的產業，最偉大的成就。

3. 歌頌母親的歌

下面我摘錄兩首描述母親，教養孩子的辛苦歷程，歌詞內容十分寫實、貼切而動人，特別轉載於下面：

(1) 搖嬰仔歌　詞：盧雲生　曲：呂泉生

嬰仔嬰嬰睏 一暝大一寸 嬰仔嬰嬰惜 一暝大一尺

搖子日落山 抱子金金看 你是我心肝 驚你受風寒

嬰仔嬰嬰睏 一暝大一寸 嬰仔嬰嬰惜 一暝大一尺

一點親骨肉 愈看愈心適 暝時搖伊睏 天光抱來惜

嬰仔嬰嬰睏 一暝大一寸 嬰仔嬰嬰惜 一暝大一尺

同是一樣子 那有兩心情 查甫也著疼 查某也著晟

嬰仔嬰嬰睏 一暝大一寸 嬰仔嬰嬰惜 一暝大一尺

細漢土腳爬 大漢欲讀冊 為子款學費 責任是咱的

嬰仔嬰嬰睏 一暝大一寸 嬰仔嬰嬰惜 一暝大一尺

畢業做大事 拖磨無外久 查甫娶新婦 查某嫁丈夫

嬰仔嬰嬰睏 一暝大一寸 嬰仔嬰嬰惜 一暝大一尺

痛子像黃金 晟子消責任 養到恁嫁娶 我才會放心

(2) 心肝寶貝　作詞：李坤城/羅大佑　作曲：羅大佑

月娘光光掛天頂　嫦娥置那住
你是阮的掌上明珠　抱著金金看
看你度晬　看你收涎　看你底學行
看你會走　看你出世　相片一大卡
輕輕聽著喘氣聲　心肝寶貝子
你是阮的幸福希望　斟酌給你晟
望你精光　望你知情　望你趕緊大
望你古錐　健康活潑　毋驚受風寒
鳥仔風箏　攏總會飛　到底為什麼
魚仔船隻　攏是無腳　按怎會移位
日頭出來　日頭落山　日頭對叨去
春天的花　愛吃的蜂　伊是置叨位
鳥仔有翅　風箏有線　才會天頂飛
日頭出來　日頭落山　日子攏安呢過
花謝花開　天暗天光　同款的問題

母親的故事說不完　母愛的奉獻無止盡
全力生育養育教育　盼你我反哺報恩情

（九）為母則強

這是一件我媽媽經歷的往事，我懷著感恩的心情記錄下來，爲的是想替天下的慈母，增添一幅堅韌的形象；如今我也爲人母了，更深切體認了，母親爲兒女所付出的愛是，數不清、說不完的。

1. 一兼數顧

「媽媽！妳再說一遍那一回，黑夜揹我回萬興家的事，好嗎？」我逮住機會，表達我的孺慕之情。「嘻嘻！妳都聽過很多遍了，還聽不倦啊！」母親笑著說。「我最愛再聽妳說這件事了。」我慫恿著。「那一次實在夠危險的，萬一發生不幸，三條命一下子都去了了。」

母親總是在感慨中說起：「那一年，妳爸爸在彰化縣芳苑鄉的萬興派出所上班，我們也跟著住在公家宿舍，只有妳大姊陪伴妳外祖母，住在溪州鄉的下霸村老家；妳外祖母年紀大又裹小腳，行動很不方便，因此我每隔一陣子就回鄉探望她倆，順便代做一些比較粗重的工作。

那時候大概是剛過了端午節，當時農家正忙著收割稻子。我回家的那幾天，每天午後就下起很大的西北雨；那天午飯後，妳外祖母就催著說：既然不能再住下去了，就早點上路回家去吧！

於是我用一根扁擔挑著行李，一頭是裝滿換洗衣物的包袱，另一端是用布袋裝著幾斤回螺；背上用揹巾揹著妳，身前還挺著一個七、八個月大的肚子，就這樣趕在下雨前出發了。」母親細說原由。

我體貼地說：「如果連胎兒也算一件，那您就帶了四件行李囉！很重喔！」

母親繼續說：「我就沿著大圳岸邊—濁水溪的一條支流，快步走了約兩個鐘頭，才到達「溪州」街上，在火車站解下揹後的妳，才發現妳被炎日曬得滿臉通紅，渾身是汗了，讓我好心疼不捨也。」

我心疼地說：那您自己一定更熱，流了更多汗囉！

「當時只顧著趕路，倒不覺得自己有多熱！」母親淡淡地說。

「由溪州搭台糖的小火車到達二林時，已是午後四、五點鐘了，我看見火紅的日頭，已斜斜地掛在西邊；那時由二林到萬興有二條通路；客運車走的是經草湖多繞個大轉彎才到萬興，約有七、八里路程，那陣子也因修路而停駛了；另一條小路，是由二林斜穿「舊趙甲」直走到萬興，僅四、五里路而已，我爲了省路程就抄小路走。」母親記憶猶新地描述說。

2. 勇者無懼

從二林出發不久，天空就下起陣陣小雨，走到「舊趙甲」時，雨勢就變大了，只好暫借路旁一戶農家躲雨。眼看天快黑下來了，雨還是落個不停，那家主人夫妻便好意要留我過夜，因爲一來婦人家走夜路，路徑又不熟，恐怕太危險；二來前方有條排水溪，每逢下大雨溪水就暴漲，很難渡過去，容易發生危險的；他們雖婉言相勸，可是我心裡還是急著想回家。

母親娓娓道來。

「媽！那時妳爲什麼非趕回去不可呢？」我好奇地問。

母親苦笑著說：當時眞是急得心狂火熱的，因我離家好多天了，妳爸公務很忙，我一直掛心著，留在那裏的兩個小孩子會挨餓的；另外又想到有幾隻剛孵出的幼鴨，臨走時關在門外院子的竹罩籠裏，這幾天下雨，院子會積水，小孩可能不會把牠移往高處，幼鴨泡水太久就會腳軟生病的。就是爲了這些重要的家事，在當時確是煩惱得要命的。

我體貼地說：「這就是所謂的天下慈母心吧！孩子和家務永遠是一份放不下心的牽掛。」母親微笑著點點頭。

3. 護子心切

「我還在猶豫不決時，忽然看見雨停了，就婉謝主人的好意，堅持要回家。男主人便說要帶領我渡過溪。我走出門外，正好瞧見火紅的太陽要落下地平線了，走到溪邊看到那片洶湧的溪水，心裡也有點怕怕的，下了水才知道水流很湍急，水深及大腿頭，撩高的裙角都泡濕了。幸好那男人家膽子大又很識水性，他勾握緊我的手腕，他的一隻腳試探一步再走一步地，從較淺的河床涉過；我那時儘量沉住氣，拼足力量站穩腳步，緊跟著那人的步伐向前移，總算在驚險中平安渡過了。也許是注定命不該絕，才能遇見貴人相助，否則憑自己冒險亂闖，恐怕早就變成『水流屍』了；一屍兩命，加上妳就是三個冤死鬼了。」母親低啞又感傷的細說著。

「媽媽，眞感謝妳啦！託妳的福，才能保住我的命！」俗話說：『吉人自有天相』，我看妳就是一副長命百歲的福氣相嘛！母親一聽我誇讚的話，馬上又展現笑容了。

「媽！說實在的，妳那時也眞是堅強又勇敢，要是換個膽小的女人家，走到溪流中間，心一慌，腿一軟，恐怕會被大水沖走，就沒命了，那妳和我今天就不會在這兒談天說笑了。」我感恩地說。

「說的也是，不過爲了保住兩個孩子，我當然要咬緊牙根，拼了命也撐過去的。」母親顯出自信的神采。母親堅強的意志和行徑正印證了「女爲弱者，爲母則強」的俗語。

4. 臨危不亂

母親繼續說：「我過了溪，那男人家曾叮嚀我說：「前面不遠處還有一條小河，有木板橋可過，萬一橋被河水沖走，妳千萬不要冒險渡河，河岸邊有一戶人家的養豬寮，妳要去借住一晚再走。」

我再三向他道謝後，就急忙趕路去了。幸好那條木板橋還在，接著就走進一條田間小路了。

那種黃泥路就是野外才有的牛車路；路面僅牛車身那樣寬，路兩旁長滿了齊胸的茅草叢，還有防風的木麻黃樹，四周則是高過人頭的甘蔗園。那一夜，月光模糊不清，天色灰暗暗的，這一帶離西海岸已不遠了，海風陣陣「咻！咻！咻！」地颳著，在荒郊裡聽起來彷彿是鬼怪的呼嚎聲一樣，渾身都會起雞母皮—雞皮疙瘩呢！

沿路上有些蔓垂的茅草或甘蔗葉，掩蓋了大半個路面，稍不留神，一腳踩進深陷的牛車溝而摔倒時，眞是又慌又急，怕碰傷了背上的妳，又怕抖落了行李內的物品。那時妳才快兩歲，有時被突然的跌跤嚇哭了；慌亂中又得哄慰妳，那慘況眞是叫天不應，叫地不靈，想哭也沒眼淚了。」

走了一段路，忽然想起：「萬一遇見壞人或野狗什麼的，可要怎麼辦？」於是就把兩包行李一起掛在左腕上，右手握住扁擔當拐杖，遇到緊急情況也好對付一番。一路上只有『沙！沙！沙！』的腳步聲伴隨著我。」

「媽，我可以想像妳那時孤獨無援的慘況，眞是好可憐喔！可是妳堅強的意志力，就是男人家也沒能比得上妳的，妳說對嗎？」母親聽了我的話，也眼眶濕潤地點點頭了。

5. 自立自強

我好奇探問著：媽媽，妳一路上內心害不害怕？

媽媽回說：當然會怕囉！有時隱約看到樹梢有一團黑壓壓的東西在幌動，心頭立刻顫抖一下，以爲是出現了妖、魔、鬼、怪等歹物了；這時我就強作鎮靜，睜亮眼看個清楚，原來是一團懸空的螞蟻窩，或者是被風颳起的乾草團，看清後，心裡就安定多了，否則胡亂瞎猜，嚇都嚇死了。

有時候，聽見草叢或蔗園內有騷動的怪聲，或有什麼東西奔走竄動似的，心頭又是一震，這時因看不見什麼東西，只好用力發出幾個咳嗽聲來嚇跑它，

因爲我媽媽曾教過我說：**夜晚在外頭，如果碰見鬼怪等歹物出現，只要咳嗽幾聲，歹物一聞到人的氣味，就會立刻走避或隱沒不見了。這個秘方妳也要記住，至少也可以壯壯自己的膽子。**

母親把握機會教育，這樣提醒我。

母親的作爲，正印證了拿破崙將軍的名言：「面對危險，你可有百分之五十的勝算；要是背對危險，妳便是百分之百的輸了。」

我把這段話的含義仔細解釋給母親聽，母親深有同感地笑了。母親的膽識可算是英雄不讓鬚眉了。

6. 處變不驚

母親略顯得意地說：我還有一個安慰自己的方法，俗話說「天公疼好人」，我平常多做善事，喜歡助人，相信神明也會保佑我，所以我一路上，不斷地輕聲呼請天公、三界公，或佛祖、媽祖婆等神明，祈求他們保庇我這個出外人，幫助我一路平安回到家，…。我口中一直祈禱，不停唸出呼請聲，心裡就感覺神明真的陪伴在我身邊，暗中保護、庇祐我，內心就安定、平靜多了。

豐富的生活智慧，使母親深知尋求精神上的慰藉，是克服恐懼的不二法門。

我藉機誇獎母親說：**媽媽，妳真聰明！頭腦很好耶！**

母親謙虛地否認，只是開心地微笑著。

母親接著又說：就這樣一路摸黑回到家已經深夜了，一進家門放下重重的行李，解下背後沉睡的妳後，就跌坐在椅子上，這時才發現我已渾身軟趴趴，有氣無力，好久都站不起身來！回想剛才經歷的險況，越想越害怕，忍不住放聲大哭起來了。

母親最後感慨地說：「人生嘛！冒險一回，就活過一次，什麼苦我都吃過了，現在事過境遷後，回想起來也是滿有趣味的。」

於是，我接口說：媽媽！俗話說：「大難不死，必有後福」妳現在總算苦盡甘來了。妳想想，今年都七十多歲了，身體很健康，還能種田、種菜的，每天吃得下飯，睡得著覺，兒孫個個都很孝順，親友中誰不羨慕妳多好命啊！

媽媽笑笑說：「妳這個孩子，就是嘴巴很甜，盡會說媽媽的好話，討媽的歡喜了…。」於是，母女又相對嘻嘻笑啦！

7. 感恩情懷

我十分珍惜每次和母親相聚的時光，我最喜歡和母親一起回憶，相偕走過的各種旅程，共同回味旅途中點點的甜蜜滋味，讓那份心心相印的情感，再一次溫慰在胸懷，交輝在眼眸；那時刻，也是我表達感恩的最佳時機了！

朋友們！你是否曾想過，要跟媽媽共同回憶一些，有關疼愛你的童年往事嗎?趁著她還健在，請及時把握，表達你感謝母愛的恩情，請立刻行動，現在還來得及喔！

有緣今生當母女　深厚情感多珍惜
彩衣娛親信有理　母愛恩惠深無比

（十）母愛無止盡

下面是我收集到關於母親的愛，各種的名言和讚頌歌詞，提供大家參考：

1. 愛是什麼？

(1)愛是付出— 需要犧牲：包括時間、精力、金錢等。

媽媽的愛： 奉獻青春歲月，願爲孩子的成長而盡心力。

(2)愛是藝術— 需要學習：包括觀察、互動、溝通等。

媽媽的愛：隨時察言觀色，親密互動和增進良好溝通。

(3)愛是接納— 需要瞭解：包括諒解、化解、團結等。

媽媽的愛：瞭解才能諒解，諒解才能化解，進而團結。

(4)愛是責任— 需要承擔：包括功過、喜憂、福禍等。

媽媽的愛：當孩子需要你時，看到自己應負起的責任。

2. 愛的守則：

愛要及時，才能雙贏。**愛要用心**，才能開心。

愛要方法，才有成效。**愛要分享**，才能增倍。

愛要有恆，才會有益。**愛要行動**，才會感動。

3. 愛的眞諦 聖經 歌林多前書十三章

愛是恆久忍耐又有恩慈　愛是不嫉妒

愛是不自誇不張狂　不做害羞的事

不求自己的益處　不輕易發怒

不計算人家的惡　不喜歡不義　只喜歡眞理

凡事包容　凡事相信　凡事盼望

凡事忍耐　凡事要忍耐　愛是永不止息

4. 讚頌歌曲

下面選錄三首歌頌母親的歌詞，讓讀者更能深刻感受到母親，爲了疼愛、照護我們，而付出的許多時間、青春、心力和血汗等。所以我們要多多回報親恩，更要及時孝順她。

(1) 阿母的手　作詞：詹雅雯　作曲：穎川

晟養我的彼雙手　無人比伊卡幼秀

為我操勞的彼雙手　美麗溫柔

不識為著甲治想

全部心思只有阮

親像溪水流入大海

付出無所求　無分日暝

無分春秋　疼子的心無理由

安慰我的彼雙手　無人比伊卡幼秀

支持我的彼雙手　美麗溫柔

(2) 時間都去哪了　作詞：陳曦　作曲：董冬冬

門前老樹長新芽　院　枯木又開花

半生存了好多話　藏進了滿頭白髮

記憶中的小腳丫　肉嘟嘟的小嘴巴

壹生把愛交給他　只為那壹聲爸媽

時間都去哪兒了

還沒好好感受年輕就老了

生兒養女壹輩子

滿腦子都是孩子哭了笑了

時間都去哪兒了

還沒好好看看妳 眼睛就花了

柴米油鹽半輩子

轉眼就只剩下滿臉的皺紋了

(3) 媽媽請你也保重　作詞：文夏　作曲：鄧雨賢

若想起故鄉　目屎就流落來

免掛意請你放心　我的阿母

雖然是孤單一個　雖然是孤單一個

我也來到他鄉的這個省都

不過我是真勇健的　媽媽請你也保重

月光暝 想欲寫批來寄乎你

希望會平安過日　我的阿母

想彼時強強離開　想彼時強強離開

我也來到他鄉的這個省都

不過我是真打拚的　媽媽請你也保重

寒冷的冬天　夏天的三更暝

請保重不通傷風　我的阿母

期待著早日相會　期待著早日相會

我也來到他鄉的這個省都

不過我是會返去的　媽媽請你也保重

世界上沒有任何一種愛，能像母親奉獻給予她兒女的，那麼的珍貴，那樣豐滿又無私，而且從不要求回報。我們做兒女的要多感恩，更要多多關懷她啊！

世上只有媽媽好　有媽的孩子才是寶

有一天她總會老　請及時關懷和回報

（十一）千手觀音

每個媽媽每天爲孩子到底做了那些事?實在是難以數算清楚的，又因每個孩子的個別差異，各家媽媽的做法更是奇招百出；往往同中有異，或異中有同，實在很難一一說清楚的；不過，她們唯一相同的出發點，都是出自愛心和愛行，總是希望兒女好，還要更好吧！

我就精選下面兩首著名的歌，其歌詞內容，正可表達出母親的關心和愛護，也可證明媽媽爲你做的事情，實在有夠繁多複雜；很像擁有千支手的觀音菩薩，處處散播愛心和善行，幫人救苦解難；如此，讓你深刻感受到，媽媽盡心盡力的付出和犧牲，是多麼值得感恩她啊！

1. 媽媽之歌　填詞及演唱：安妮塔·蘭弗洛　譜曲：羅西尼的「威廉泰爾序曲」

起床，起床 快起來！ 去洗臉，去刷牙 記得梳頭！
這是你的衣服，你的鞋子，有沒有在聽啊? 快起來！
然後記得摺棉被！
會熱嗎?會冷嗎? 你穿那樣出門?
你的書，你的便當，你的作業咧?
拿外套，戴手套，還有圍巾和帽子！
別忘了你還有貓要餵。
要吃早餐，因為醫生說早餐是一生當中最重要！
要吃維他命，因為這樣有天你才長的壯又高。
記得今天下午三點你要去看牙醫。

別忘了鋼琴課在今天下午，所以你要練。

別狼吞虎嚥，要細嚼慢嚥，但快點！公車已經到了。

小心點！給我過來！你有沒有洗你的耳背?

出去外面玩，別玩太瘋，別玩太兇。

要有禮貌，多交朋友，記得要分享。

要認真，要有耐心。

危險事別做，乖一點！別搞到讓我出面！

去整理房間，摺衣服，把東西收拾乾淨！

把床鋪好，馬上做！沒那個美國時間啦！

為什麼房間亂的跟狗窩一樣?

到底有沒有在聽我說話?

接…電話 把電話掛掉！

離電視遠點，關小聲點！

吃飯別玩手機，今晚不准玩電腦！

不想被沒收ipod，就給我聽話！

你要去哪?跟誰鬼混?

你以為幾點才要回來?

說「謝謝！請！對不起！」這樣才能到處受歡迎。

我的苦心教導，長大你自然會感激。

等你有小孩了，你就知道，你會感激我給你的忠告。

這麼有智慧，但現在沒對我翻白眼。

吃東西時把嘴巴閉起來，吃一兩口你討厭的東西。

用刀叉，不要打飽嗝，不要讓我念。

把碗裡的東西吃乾淨！

考好一點，去應門！

別跟我耍小聰明！

給我注意，給我過來，我數到三！

去賺錢，去上班，拿個博士回來！

去！去！去！我不管是誰先開始的，

你們給我禁足到36歲！

給我長話短說。

看在老天的份上，你們最好給我說實話。

如果你的朋友都去死，你是不是也去死?

如果我說過一遍，我以前一定說了好幾千遍。

你已經這麼大了，還那麼幼稚，這一定是妳老爸的DNA

跟你講話時眼睛要看著我，走路時要站有站相。

每個東西都有它的位置，然後每個東西都要放回原位。

別再哀哀叫，否則我真的讓你哭不出來！

哈！ 去洗臉，去刷牙 穿睡衣 睡覺去，抱一下！

和我一起禱告！

別忘了，我愛你！

然後明天我們將會再來一遍，

因為母親的工作永不結束。

你不需要知道理由 因為，因為，因為，因為，我說了算，我說了算，我說了算，我說了算！

我是你媽，你媽，你媽，你媽！

唯一的媽 TA—DA！

2. 聽媽媽的話 作詞：周杰倫 作曲：周杰倫

小朋友你是否有很多問號

為什麼 別人在那看漫畫 我卻在學畫畫 對著鋼琴說話

別人在玩遊戲 我卻靠在牆壁背我的ABC

我說我要一台大大的飛機 但卻得到一台舊舊錄音機

為什麼要聽媽媽的話 長大後你就會開始懂了這段話

長大後我開始明白

為什麼我跑得比別人快 飛得比別人高

將來大家看的都是我畫的漫畫 大家唱的都是我寫的歌

媽媽的辛苦不讓你看見 溫暖的食譜在她心裡面

有空就多多握握她的手 把手牽著一起夢遊

聽媽媽的話 別讓她受傷 想快快長大 才能保護她

美麗的白髮 幸福中發芽 天使的魔法 溫暖中慈祥

在你的未來 音樂是你的王牌 拿王牌談個戀愛

唉！我不想把你教壞 還是聽媽媽的話吧 晚點再戀愛吧

我知道你未來的路 但媽比我更清楚

你會開始學其他同學在書包寫東寫西

但我建議最好寫媽媽我會用功讀書

用功讀書 怎麼會從我嘴巴說出
不想你輸 所以要叫你用功讀書
媽媽織給你的毛衣 你要好好的收著
因為母親節到時 我要告訴她我還留著
……
聽媽媽的話 別讓她受傷 想快快長大 才能保護她
美麗的白髮 幸福中發芽 天使的魔法 溫暖中慈祥
聽媽媽的話 別讓她受傷 想快快長大 才能保護她
長大後我開始明白
為什麼我跑得比別人快 飛得比別人高
將來大家看的都是我畫的漫畫 大家唱的都是我寫的歌
媽媽的辛苦不讓你看見 溫暖的食譜在她心裡面
有空就多多握握她的手 把手牽著一起夢遊
聽媽媽的話 別讓她受傷 想快快長大 才能保護她
美麗的白髮 幸福中發芽 天使的魔法 溫暖中慈祥

媽媽像不停歇的陀螺　提醒孩子要事及時做
為免萬一疏漏惹了禍　只好盡職嘮叨重複說

（十二）生贏雞酒香

生育兒女，是婦女的天職，也是宿命，它是老天設計好的；女人天生就有子宮，是要孕育孩子，有乳房是爲哺乳嬰兒；都是肩負著傳宗接代的重任；這是何等重大的使命啊！我自己也生了三個兒女，且來分享我的親生經驗吧！

我要生老大時，離預產期兩天前，發覺有顯現出像「孕婦指南」書中，所講的那些徵兆時，就把早準備好的用品皮箱帶好，要出發去醫院前，外子卻喊住：

請稍等我一下，讓我刮乾淨鬍子，要跟我的孩子第一次見面，才有禮貌呀！

1. 那知生產多艱苦

住進「待產室」時，剛好清晨兩點，我肚子有時痛，有時又不痛了，我也時昏睡、時清醒，只見護士小姐進進、出出的，量我體溫、聽胎兒心跳或觀察產門等，這樣待了十多小時後，一位護士突然推來一個「氧氣筒」，我才驚覺大事不妙了！

我問她：**是不是會難產啊？**

她看我驚慌、害怕的樣子，立刻解釋說：因爲你已經陣痛十二小時了，胎兒的心跳有比較微弱些，而且你也很疲累了，爲了你們母子安全，請你戴上「氧氣罩」，呼吸會比較順暢、輕鬆啦！她正在操作器具時，另一位護士進來察看後，開心地說：

啊！有啦！快要生了！趕快送進產房！

我在產房又痛苦地掙扎了好久，最後用盡全身吃奶的力氣，才聽到胎兒「哇啊！」的一大聲，我終於把孩子生出來了！這時，我已疲累地癱軟在產台上，好像要昏迷過去，久久都動彈不得耶！原來要生一個孩子，竟有這麼百般煎熬、難過啊！不僅要在懷胎十月間，生活起居需小心謹慎，還要避免觸犯許多禁忌外；肚子天天撐脹變大，像帶顆大籃球走路，笨重得坐立難安，連睡覺要翻身都很吃力呢！臨盆還要飽受，這樣拚死拚活的折騰啊！

2. 每次都是大挑戰

隔了兩年要生老二時，預產期已超過兩、三天了，肚子卻還沒任何動靜，很擔心會發生什麼意外，於是就趕緊去醫院住院了。我們指定接生的婦產科主任，天天來巡房，都會特別問我狀況；過了四天，還沒任何生產跡象；於是，他建議我喝下幾次「蓖麻油」想藉著這種瀉藥，讓我因肚子絞痛，順便能帶動子宮陣痛，以利催生，結果還是沒有效果。

那幾天，我待在醫院閒著沒事做，醫生吩咐我要多走動，我就到處逛逛，有時去跟值班室的護士，聊聊天，講笑話給她們聽。有一天黃昏，我在走廊散步，有一位中年婦人，急忙衝著過來，問我：**請問「太平間」在哪裡？**

我心頭一震，心想：**怎麼這樣倒楣！我正暗自擔心，萬一難產死了，大概也會被送進去那裏的…。**

不過，我還是好心地指點她了。

白白等候了一個禮拜，我只好辦出院回家了。但隔日大清早，肚子眞的規律地陣痛了，趕緊再回醫院待產，這次也是陣痛了幾個小時，才順利產下男嬰。外子趕快打電話稟告母親報喜，我不識字的婆婆，竟能一路問人，獨自搭上客運車，又摸索到醫院病房來，要看她的金孫呢。

母親賭命擔驚受苦外，還得揹負著生男或生女機運的挑戰呢！更何況，不知有多少婦人，因難產而丟掉了自己寶貴的生命！或是生下女兒，就要飽受婆家人百般的歧視呢！

3. 懷胎身心受煎熬

只隔一年，意外又懷了老三，這次生產雖順利多了。但因五個月前，我們從台北縣的瑞芳鎮，搬家到台北市區，聽長輩傳說：**懷孕時大搬家，常會驚擾胎兒的氣場，可能會生下智障或殘障兒等。**

這件事，也讓我獨自暗中擔心了很久；結果證明是迷信！小女兒生下時，不僅五官四肢完好，而且後來也證明，她也跟姊、哥一樣聰明呢！

老三出生時，因年紀跟哥哥差距太短，我體力恢復還不夠好，因而母奶不足吃夠，每次餵奶時，她常把我的乳頭猛力又咬又鑽，強力要吸取奶汁，讓我疼痛不已，飽受了好幾個月的椎心之苦難。

啊！母親懷孕、生產和哺育之難，難於上青天！

4. 孕育孩子搏命多

據統計，一個婦女獨有的生殖系統器官，所容易產生的大、小疾病，就有上百種之多，例如子宮內膜癌、子宮頸癌、卵巢癌、乳癌等，數不清的病症種類；更有相關的苦情，例如分娩的痛苦、難產的危險、流產的打擊、不孕的苦惱，產後憂鬱症、經痛的困擾、更年期的後遺症等。

在此呼籲各位父老、兄弟、姊妹們，請多多敬愛和疼惜我們的母親、太太或女性親長，以及全天下的媽媽們。

更懇請您隨時關愛她們，博取她們的歡喜、方便或尊重她們的需求，譬如走路讓路、坐車讓坐或購物幫提重物等。像西洋人就有「女士優先」的習俗。

請你盡力做一個孝順的兒女，珍愛太太的丈夫及敬重女性同胞的人；唯有她們的奉獻、付出、受苦、受難，你、我才能擁有這條寶貴的生命，並能爲您及人類傳衍後代子孫。您能夠這樣誠心盡力地感恩圖報，我們當母親的人，就萬分感謝您了！

生贏雞酒香　生輸棺材板
母親拚生死　為求子孫傳

（十三）媽媽懷孕有多受苦

——轉載自未具名的網路文章

有一個故事是這樣的：

有一次，一位已經高中生的兒子，因爲媽媽總是嘮叨他，他就很不耐煩的頂撞了母親，讓母親氣得大哭。當晚，父親便約兒子一起出門散步、聊天；兩人走了好久，也談了很多話，最後父親才說：**要頂撞媽媽時，是有條件的。下列的10件事，任選一樣，你也能做到後，才有頂撞的權利：**

(1)連續3個月，每吃完一餐就須催吐(孕吐)。

(2) 乳頭被別人吸到破皮，常常達一個月以上(餵奶)。

(3) 肚子裏懷著一顆，每天變大的籃球達10個月之久(懷孕)。

(4)待產時的疼痛，常像接受皮鞭抽打達48小時(生小孩)。

(5) 10個月內不能喝冰水、咖啡、茶等刺激物。

(6) 5個月睡覺不能翻身。

(7) 10個月不敢出遊遠行，不能追、趕、跑、跳、碰等。

(8) 10個月不能生病；實在是病重了，也不能隨便亂吃藥。

(9) 生完孩子後，天天要把屎、把尿至少一年以上。

(10)晚上睡覺每二、三個小時要起床一次，餵奶或換尿布，長達一年以上。

一直到要進家門口時，父親拍拍兒子的肩膀，以男人對男人的語氣說：**等一下進去時，給我的女人一點面子！**

兒子驚訝于老爸用哥兒們的語氣對他說話，並因男人跟男人之間的義氣，從此對母親畢恭畢敬的。

看完這個故事，想起一個高中同學，他說：有一次頂撞母親，父親把他從椅子上踹下來，斥責他：

你媽是我捧在手心的寶，我呵護她，照顧她，對她輕聲細語，你憑什麼對他大聲喊叫！

我的同學再也不敢頂撞母親了。

還有一個小故事：我一哥們的妻子生孩子，那哥們一家子高興得坐立不安。好不容易生出來後，全家大小圍上去看小孩，關心著是男孩還是女孩。只有一哥，第一時候走到妻子身邊，說了句：**寶貝，辛苦了。**

他妻子瞬間淚如雨下。這才是愛…。

知道剖腹產要縫幾層嗎？答案：是八層！

知道母乳是由什麼產生的嗎？答案是：媽媽的血！

知道生產有多疼嗎？答案是：世界上疼痛的最高值；相當於二十根骨頭同時骨折！所以男人請記得，好好珍惜你的老婆。

你沒有理由不心疼！對於孩子來說，「疼愛媽媽」的爸爸，是個值得尊敬的好爸爸，也必定是這個世界上「最好的父親」，這樣的父親才會給孩子更多安全感。這麼多年來有誰會忍受著一輩子付出沒有回報的？恐怕除了父母沒有別人了吧？

我們平時總是抱怨，自己沒有好背景，好父母，可生活在物質條件比父母強百倍的，我們爲什麼不努力拼搏一把，成爲父母的驕傲呢？

或許我們覺得父母給予我們的不夠多，請記住，那已經是他們的全部了！

※據統計98%的孩子看完這篇文章轉給了父母；99% 的爸爸看完這篇文章轉到了朋友圈；100%的媽媽轉發給了老公。

我轉發給各位，對所有的父母親致敬！尤其母愛的偉大。

母親節快樂！

母親懷我十月長　備嘗艱辛飽受苦
日夜哺育無休止　要敬愛讓她幸福

（十四）母親沒了

—淨空大師

「轉載自網路文章，但未署名。我爲閱讀方便，部分簡體字已轉換成繁體字。」

淨空大師的母親去世，他寫的祭文，看哭了13億中國人！「媽媽沒了，才知道這輩子兒子已經做完了。」

這句話眞的傷到心底深處！母親雖只是一個平凡質樸的農村婦女，却是我情感世界的玉皇大帝。回家看母親的次數屈指可數。寫下這些文字，權作對母親的思念和悔罪…。

(1)苦日子過完了，媽媽卻老了；好日子開始了，媽媽卻走了。這就是我苦命的媽媽。媽媽健在時，我遠遊了；我回來時，媽媽卻遠走了。這就是你不孝的兒子。

(2)媽媽生我時，剪斷的是我血肉的臍帶，這是我生命的悲壯；媽媽升天時，剪斷的是我情感的臍帶；這是我生命的悲哀。

(3)媽媽给孩子再多，總感到還有很多虧欠；孩子給媽媽很少，都說是孝心一片。

(4)媽媽在時「上有老」是一種表面的負擔；媽媽沒了「親不待」是一種本質的孤單，再沒人喊我「滿仔！」了，才感到從未有過的空虛和飄渺。再沒人催我回家過年了，才感到我被可有可無了。

(5)媽媽在時，不覺得「兒子」是一種稱號和榮耀；媽媽沒了，才知道這輩子「兒子」已經做完了，下輩子做兒子的福分，還不知道有沒有資格再輪到。

(6)媽媽在世，家鄉是我的老家，媽媽沒了，家鄉就只能叫做故鄉了，夢見的次數會越來越多，回去的次數會越來越少。

(7)小時候，媽媽的膝蓋是扶手，我扶著它學會站立和行走。

長大後，媽媽的肩膀是扶手，我扶著它學會闖蕩和守候。

離家時，媽媽的期盼是扶手，我扶著它歷經風雨不言愁。

回家時，媽媽的笑臉是扶手，我扶著它洗盡風塵慰鄉愁。

媽媽沒了，我到哪兒去尋找，我依賴了一生的這個扶手。

(8)媽媽走了，我的世界變了，世界變了，我的內心也變了，我變成沒媽的孩子，變得不如能夠紮根大地的一棵小草。

母愛如天，我的天快塌下來了！

母愛如海，我的海快要枯竭了！

(9)媽媽走了，什麼都快樂不起來了！

我問我自己，連樂都覺不出來了！

苦還會覺得苦嗎? 連苦樂都分辨不出了。

生死還那麼敏感嗎? 連生死都可以度外了。

得失還那麼重要嗎?

(10)慈母萬滴血，生我一條命；

還送千行淚，陪我一路行；

愛恨百般濃，都是一樣情；

即便十分孝，難報一世恩；

一萬千百十一，一聲長嘆！嘆不盡人間母子情...。

請您把這篇文章分享出去，讓更多的孝順兒女看到…。

讓我們一起用這種接力的方式來感恩父母，回報父母！

孝順父母不能等，讓我們用心去感恩。

母愛情深大似海　膝下承歡應及時
莫等欲養親不待　後悔空嘆已晚時

三、學習成長篇

（一）生命中的貴人

民國五十幾年，我唸大二那年的暑假，參加了救國團主辦的大專青年暑期活動，其中的「國際事務研習營」營址設在台北市敦化南路的「台北學苑」，來自各校的菁英之選，日、夜在一起切磋學藝一個禮拜，研習國際禮儀、會議規則、國情習俗、青年問題等課程，內容很多元、豐富，時間更緊湊，常常連晚上都有安排活動呢！

上課方式也很多樣化，有聽演講、看影片、參觀訪問及實務演練等，聘請很多熟諳外交事務的專家來授課，印象最深的有國立政大外交系吳炳鍾教授，和我國外交部禮賓司司長及官員等。

結業時以舉辦一場「國際學生領袖會議」來驗收成果；是由學員中推選出各國代表出席，參加者須穿該國傳統服裝，並準備好各種議題，屆時全場用英語說出提案、討論、表決等。

記得那時還推選，就讀台大外文系的何易同學，扮演嚴家淦副總統，以貴賓身份蒞會致詞。大家都很認眞準備資料，用心盡力彩排，結果演出十分成功，我也獲益良多。

1. 助人反而得人助

有一位念淡江文理學院英語系的學員，她本來是當選代表西班牙，後因家中突然有急事，屆時恐無法參加，就拜託我代替她；我本來是婉拒她的，因爲每位代表必須準備英語講稿，很多人都害怕在忙累的課程中，要再增添一份額外的作業，而不願爭取當代表，只選擇列席，當個輕鬆的觀察員就好，我也是這麼想的。

可是，拗不過她一再請求拜託，只好懷著助人解難的心意答應了。可是，演出的時間已迫在眼前，服裝行頭要如何打點呢？

所幸，那位同學又很熱心地幫忙，向她學校的一位教授，也是她們教堂的西班牙神父商借的。還連夜帶我去拿回，那是一套古典西班牙姑娘服裝，**就是跳著名「佛郎明哥舞」穿的那種舞衣，有著一層層滾著荷葉邊的篷篷裙，非常漂亮又新奇。**

2. 同學同樂試新裝

當晚趕回宿舍一試穿，果然滿合身的；糟的是裙子內裏，還須再加穿一件撐寬的襯架，才能讓裙身由上而下，越撐越寬直到下襬；於是隔天晚上，又有學員陪我到中山北路，找到一家新娘禮服店，心疼地以高價租了一件裙架。

這下子可讓我們大開眼界，原來它是用三個，由小漸大的藤圈串接而成，等於是穿上一件硬藤裏襯。回到宿舍還引來一陣騷動，大夥兒好奇地觀賞，又輪流連舞衣一起試穿，個個擺出搔首弄姿的模樣，逗得大家笑聲連連，全忘了白天上課的疲累，一直玩到深夜還不肯休息呢！

那件襯裙雖然花掉我平日二天的餐費，卻贏得許多歡笑和友誼，眞是太值得了。

3. 有付出才能傑出

爲了展現西班牙姑娘的熱情如火形象，學員們又起鬨要我嘴巴叼著一支玫瑰花。拗不過大家的美意，就趕在正式開會前一天晚上，遍尋中山北路的花店，才買到一支高價的橘紅色玫瑰花。

趕忙找來瓶子泡水以防枯萎，有位家裏開花店的同學，還提醒我說，瓶裏水位要淺淺的就好，才能保持花朵含苞狀態，否則花莖吸水太飽滿，花瓣就會很快盛開，隔天花樣就不漂亮了。

由於買了這朵花，才讓我有機會學到，保養瓶花的秘訣，這也是很好的附加價值耶！不過，正式出席會議時，我是把它夾在右邊耳際的，只可惜當時拍的都是黑白照片，但仍看得出它嬌美的模樣啦！

4. 出場就驚豔全場

開會那天，各國代表都穿著華麗服飾，我因服裝裙擺特別寬大，必須由左、右兩位護衛，當前導幫我開道，才能順利走進會場就位，而且被安排坐在最前排正中央呢！會議果然開得有模有樣，大家英語都說得很流利，研習營主任還一再稱讚大家，任務圓滿成功。

會議結束後，還有聯誼活動，由各國代表演出該國文化特色的節目，唱歌、跳舞各展所長，我則用西班牙語獻唱一首「西班牙姑娘」，贏得滿場熱烈的掌聲。

會後，竟有很多學員圍著我好奇地探詢，問我是從那裏學來的原文歌？是臨時惡補的嗎？還是本來就會的？並紛紛搶著跟我合照留念，我頓時，變成全場最受關注的風雲人物啦！

在此，先悄悄透露一點，那首歌是我在念「北斗高中」上音樂課時，特別努力學會的啦！要是您有興趣了解詳情，請看本書另一篇「歌聲伴我樂此生」，就可見分曉啦！

5. 年輕可不要留白

這段距今三十多年前的往事，最近因看到照片而重新浮現腦際，許多場景都還十分鮮活亮麗。現在回想起來，還是非常感謝。**當時參加研習會的各校優秀學生，由於因緣聚合，才能夠共聚一堂，彼此交流，一起成長。他們都是我生命歷程中的貴人。**

只是聚散匆匆，當年的學員早已各奔前程，尤其特別懷念那位轉讓機會，又鼎力協助我的那位女同學，不知她現今芳蹤何處？如果她本人，或同期學員知道她的近況，請儘快跟我聯絡，以便我邀請來敍舊，並叩頭重謝她的提攜恩情。

6. 勇敢挑戰志氣高

我唸師大時，學校曾聘請一位外交官吳斌老師，到我們系裏教授「中、西外交史」內容極爲精采，我因受他影響，也很嚮往外交官生涯，因此就很用功學習英文；**曾經把當家教賺來的辛苦錢，一部分拿來長期訂閱「英文中國郵報」，並且每天早上朗讀「社論」的文章。**

當初憑著一股熱情和理想，勇敢報名參加校方的甄選。結果，我們師大只錄取四個名額，只有我是唸歷史系，另三位都是英語系的同學。

其中一位賴麗華學員，二十多年後，竟在我小女兒念的，台北市北一女中「家長座談會」上重相逢。她一眼就叫出我的名字，讓我很意外的驚喜，更提起當年我扮演西班牙姑娘的種種趣事。原來，她現在是我女兒的英文老師兼導師呢！另有一位男生，我只記得他姓林，據說是花東某原住民部落酋長的王子呢！

7. 感謝學姐恩似海

還有一位也是大我一屆的學姊，她就是當年替我拍下好幾張華服劇照的恩人，我至今還保有她跟我的合照，眞是又年輕又漂亮的影像耶！可惜的是，現在也都失聯啦！好想能再見到她並歡聚暢談，更要重重地跟她說「感謝！感謝！再感謝！」，也想好奇地再請問她：**照相機是你自己帶來的嗎？**—因當時學生很少人擁有。**還有，還有，「事後也是你沖洗出來，再特別寄給我的吧？」**

要不是她當下，及時熱情付出，一連串的協助，我今天哪能擁有這些寶貴的歷史照片，讓我回憶起來有所憑藉，更能重見當年青春年少的風采，這些都是千金難買的無價之寶；對我的人生深具歷史價值和意義呢！她也是我生命中的大貴人。

我最感遺憾的是，研習營結束後，我歷經畢業、任教職、結婚生子，又幾次搬家後，當時學員的資料早已散失殆盡，連那兩位大恩人的名址也難倖免了。

因此，我拜託她本人或同期學員看到此文，能告訴我跟她們聯絡的方法，或請她們跟我聯繫，我在本書末「版權頁」上，登載有我的電郵信箱「E－mail」。

請轉告她：說我天涯常念舊恩情，以解我相思無從寄之苦。

8. 很珍惜一期一會

我那一位外交官吳老師曾說：**「過了那個莊，就再沒那個店了。」人生中的「一期一會」的緣分，又何嘗不可作如是觀。**

在這次的研習營中，我學習到很多寶貴的學識和經驗，它提升並開展了我人生的視野和境界；尤其增強了我的自信心和榮譽感。這些無價的寶貴收穫，對我日後在人生旅程中，都具有極大的效益和影響呢！我萬分感謝所有學員，他們都是我生命中的貴人！

青春作伴好歡喜　發光發熱展魅力
激勵交流共成長　貴人提攜永感激

（二）剪報生涯出頭天

三十多年前，我辭去心愛的高中教職，回家當全職媽媽和主婦後，除了陪伴孩子遊玩、運動、讀書，及管理日常家務外，常常應用零碎的空檔時間，做一些自己喜愛的事，剪報便是其中一例。

1. 報裏乾坤大

我一向喜歡閱讀報紙，尤其是副刊中的藝文、家庭、親子、醫藥等版，看到好的篇章就剪下來。以前因學校、家庭兩頭忙，剪下的資料無暇整理，往往隨便放著，有時想重看某篇文章，卻不易找到，所以存放一陣子後，乾脆就當廢紙丟掉了。

現在我比較有自己的時間，就用硬的卡紙做成一張目錄表，先依類別寫上編號及標題，**例如(1)寫作、名言(2)花木、風景(13)孩子、教育(35)笑容、樂觀(68)營養、保健(89)詩詞、諺語(99)娛樂、休閒等分類項目。**

另外再用大型的牛皮紙袋，也寫上跟目錄相同的編號及標題。每次拿到剪下的文章後，只要兩方對照就可順利放入編號相同的袋中，每袋則依順序排立在紙箱中，等待有整段的時間，再分別放入剪貼簿裏。

這些年來，我已累積了很多箱的剪報資料，隨著時代進步，最近幾年，我改用A4的透明資料夾，省下黏貼的時間，收藏就更便捷了。如果剪報內容只有簡短一兩句或兩三行，例如名言、警句或詩、詞、諺語等，我就另用一本厚本子，通常是利用新年公司行號送人的「工作日誌」，省錢又合用。也是在首頁寫上編號和標題當目次，內頁裏面則每隔三、四頁就依序寫上同一個編號及標題，屆時對號貼上或抄寫就行了。至今已收錄了好幾大本了。

2. 廢物變寶物

我離開學校的教職，改在家庭中工作後，每月生活費用僅靠先生的薪水，雖然可維持粗茶淡飯過生活。爲了節省開銷，我當時只訂一份「中央日報」，不僅是因它的副刊內容很豐富，也是爲了方便看看，我投的文稿是否有被刊登出來。

我家二哥、二嫂兩人都在上班賺錢，家裏訂有二份日報及一份晚報。有一次，我帶孩子去他們家玩，剛好看到二嫂正拿著一大綑舊報紙要去回收；我靈機一動，趕緊把它攔截下來，一一抽出各報的副刊；從此，**她家的廢物，就變成我家的寶物了**。

此後很多年間，我都拜託兄、嫂，幫我抽下各報的副刊，收集成疊後，等兩家聚會見面時，再交給我。有時二哥會趁著開車外出時，順便送來給我，常常一送就是好幾大綑呢！二哥、二嫂不怕麻煩的成全我的喜好，也是促成我日後變成作家的推手之一；後來我要出版第一本書時，二哥、二嫂還會要贈送五萬塊錢給我，說是要贊助我自費出書的費用，二哥和二嫂的提攜、疼愛恩情，我眞是終身感激不盡的！

3. 身教和境教

副刊的貨源驟增，我一有空閒，就趕緊埋入報紙堆中，尋尋覓覓，見獵心喜。年幼的孩子們，有時玩膩了就會靠過來，見我專注的閱讀，甚至看得笑嘻嘻。

常會好奇地探問我：**那些黑壓壓的字裏頭，躲藏了什麼有趣的故事嗎？**

我就隨口答：**有耶！那些文字裏說了很多有趣的的故事喔！**

他們便常請求我轉述一番，個個都聽得很歡喜呢！那時才上幼稚園的三個孩子，耳濡目染的結果，竟也吵著要自己做剪貼，撿拾我丟棄的內容，像有趣的漫畫、彩色的花草、可愛的動物或影歌星照片等。我也樂得孩子們有事可做，就不會要纏著我陪他們玩，而打斷我的工作，於是也拖他們一起下海。乾脆每位送給一把小剪刀、膠水和剪貼簿，順便也要教導他們做法嘍！

從此我們親子四人，常常圍聚一起做剪報，隨意談笑或分享內容、觀賞獵物，其樂融融呢！多年後，孩子們談起童年往事，都不忘提到那一段溫馨，又歡喜的美好時光呢！

4. 剪出一片天

剪報的好處可眞多呢！例如報上登的營養知識或醫藥保健等消息，都是最新的資訊，正好現學現用。報載各種新學識，若要等編輯成專書出版，最少也要等幾個月後才能看到，到那時候就已變成舊聞了。

而且，我收集到同一類的文章，是集百家之說，而非僅是個人著書的一家之言，可有比較或選擇的機會；刊出內容也必須是比較生活化和實用性的，才能能被普羅大衆接受；所以，讀報比讀書能更早，吸收到各種不同的新知識呢！

此外，報紙每天都有，爲了要剪下好文章，我必得至少先讀一遍，才能決定取捨。因此，我不得不勤快地讀，用心的讀，雖有點時間的壓力，但卻因而吸收並累積了很多知識。我在多年後，撰寫「聯考獲勝絕招」那本暢銷書時，在篇末附上的「參考書目和資料」裏，就寫下一條「作者收集三十六巨冊剪報資料」，可見剪報具有很大的參考價值。

更意外的另一項收穫，就是我的三個孩子，無意間也有樣學樣，跟著我學會做剪報，也培養了喜愛閱讀的好習慣，奠定了良好的國文能力及學習基礎，對日後喜歡讀書，又都能考上很好的高中及大學，都有極大助益呢！

5. 跟世界接軌

讀報、剪報的嗜好，使我由「校門」轉進「家門」後，仍然能跟著時代腳步前進，更能充分把握社會脈動；換句話說，我仍然不斷地在學習、在成長，這份持續的動力，再加上抽空外出進修或補習的成果，以及實際生活歷練的心得，才促使我在兒女長大後，就能輕易地跟外面的世界接軌，並從事「親職教育」的著書和演講工作，而且很接地氣，才廣受歡迎呢！

感謝剪報的恩賜，它讓我擁有一大片多采多姿的新天地。

現在，我雖然也會改用電腦存檔，享受快速又便捷的好處；但是幾十年來，我還是一直沒有放棄收集剪報的好習慣呢！我的許多常識、知識或見識，都是這樣努力收集和學習得來的。

秀才不出門　能知天下事

主婦雖在家　一樣有學識

（三）處處學時時樂

最近一個多月以來，我因左腿的膝關節處會疼痛，便常去我家鄰近的「中央健保局門診中心」做復健。在等候排隊或治療時，我瞄見牆邊設有書報架，好奇心的驅使，相逢就是有緣，前、後挑了幾本雜誌來看，意外地竟讓我挖到寶，這話怎麼說呢？

原來是我最近又要在「精健會」開課，講授「幽默樂活讀書會」的系列課程，我一直想再找一些新的補充資料，來加強說明「小幽默大智慧」的重要。

1. 隨機緣長知識

拿了一本「有X人」舊期刊來翻看，內有一文中說：「愛麗斯夢遊仙境」一書的作者路易斯．卡洛琳說：**「說故事是一種送禮的行爲。」**太棒了，我摘取引用後，正可接下去說：**「講笑話正是說故事的極短篇。」**於是，我又找到最好的佐證了，超樂的！

另外一期則發現有兩句西方諺語：**「即使天空不藍，我們也要歡笑。」**我正可接著說：**「即使環境不好，我們心境卻要更好。」**這就是樂觀最好的註解了。

有一次，又看了一本「傳X」是2016年7月份出刊的，又發現一篇「抬頭．樂幹」的短文說：**現代人「不要埋頭苦幹，應該抬頭樂幹。」**正好可當做我提倡「樂觀」的有力證詞之一，眞是喜出望外。

我也先後在兩本「讀X」雜誌，欣賞並摘錄好幾個有趣的笑話，趕緊抄下可當補充教材，好歡喜耶！這一切信手拈來的驚喜收穫，可眞是：「**踏破鐵鞋無覓處，得來全不費功夫。**」所謂「開卷有益」，這是最好的印證啦！

2. 隨處都可學習

我已養成習慣，無論外出到哪個場所，公、私機關、學校、文教機構、房仲業或保險公司等，看到的標語，擺放的刊物等，我都見獵心喜，翻看一下，抄下簡短字句或內容。有一次，在大安路一家房仲業，店門口擺放的廣告立牌中，竟寫著：

日日走不怕千里路，天天讀不怕萬卷書。

我如獲至寶，趕緊抄下來。

有一次，跟著女兒去敦化南路圓環旁的「台X銀行」辦事，我在貴賓室等候時，隨手拿起一本財經雜誌翻看，有一標題「別做只有一把錘子的人」，作者蔣X先生建議：

不妨從「三三制」閱讀開始，就是1/3閱讀自己陌生的領域、學科等，1/3進行與自己專業相關的深度閱讀，1/3自由讀閒書。以這樣的比例，可幫助你保持閱讀舒適圈的警惕，保持對未知世界的好奇。

作者還說：**股神巴菲特的黃金搭檔、投資家查理．孟格說：「別做只有一把錘子的人」，對拿錘子的人來說，全世界都是釘子。**

超好的閱讀理念，我眞是喜出望外，好像撿到寶一樣耶！我還請行員幫我影印那一頁，回家後用磁鐵貼放在書房的鐵櫃門上，可隨時提醒自己呢！

今年十月初，政府正在鼓吹民衆趕快施打「流感疫苗」，我在開辦第二天，就趕緊去辛亥路的「大安健康中心」打針了；本來有一點偸懶，因爲從我家搭車到「捷運科技站」下車後，還要走15分鐘的路才能到。但是隨後心念一轉，反正我已經打電腦一個多小時了，也需要休息、放鬆一下，就當作是運動好了。

路過復興南路二段3XX號時，看見一家「春X茶水」店門口，有好多人等候要買，排隊竟排到走廊上，我好奇地往門口一看，卻發現有一對聯寫著：

何須魏帝弌「一」丸藥 且盡盧仝「同」七碗茶。

覺得這樣的詩句特別有趣，本想向老闆請教一下，但看老闆太忙，不便打擾，且先抄下來再說。

回家後，上網路一看，果然是宋朝蘇東坡的詩句，詩人得茶眞味，盛讚飲茶的樂趣和妙用。

描寫飲七碗茶後喜悅的不同感覺，步步深入，極爲生動傳神。這也應證了喜好喝茶的達人常說：「**寧可三日無糧，不可一日無茶。**」意外看到這幅對聯，竟引發了我，增長了有關喝茶的知識，眞歡喜耶！

在健康中心幫我打針的護士小姐，要打手臂上方的肌肉時，跟我說：請把手插在腰間，我請教她原因。

她說：「**這樣感覺比較不會痛！**」我猜想可能是手臂繃緊的緣故，或是能轉移注意力吧！我說：「**謝謝你，我又跟你學會這一招！**」我在她們的廁所內，看到洗手台前貼著一張標語：「**節水是美德，省水是積德。**」這眞是最精簡的宣導文字。來這一趟路，還眞是收穫不少呢！

3. 夫妻緣有明證

我每天處理家事時，就會順便看電視新聞，這樣才可做到「**主婦不出門，能知天下事。**」我通常是一面聽新聞，一面動手做事，像剝豆子、摘黃葉、削果皮、摺衣服，或整理我的剪報等，我是用耳聽內容，碰到有好看的鏡頭，再瞄一眼畫面就行了。

我首次聽見一則很好的時事報導：**「佛說：前世五百次的回眸，才能換得今生的擦肩而過。」**這是當時的嘉義縣張花冠縣長，在蔡總統姪女婚宴上說的話，是勉勵新人要珍惜姻緣。

大約過兩個月後，我去台中參加高中同學謝世英女兒的婚宴，謝同學現正榮任小英總統的國策顧問，所以賀客貴賓雲集，我聽到前行政院長游錫堃先生，致詞時說：

佛祖大弟子阿難尊者，因爲珍愛對方，願花500年修行，變成一座橋，由她走過。

這也是勉勵新人要彼此珍愛伴侶的證詞。我回家後，在網路上查看，果然古書裏有這種說法。

我一直對男女婚姻的議題，很有興趣研究並蒐集資料，有了這先後兩個相關史實當佐證，將來有機會寫書時，正好可以引用一番。再加上俗話常說的：**十年修得同船渡，百年修得共枕眠。**婚姻的「緣份」說，就更有說服力了。我統整後，眞是開心極了。

4. 太專注竟出糗

我因爲寫了四本「大家快來講笑話」的口袋書，很受讀者歡迎，所以越寫越起勁，還計畫再出續集，所以，更喜歡到處蒐集笑話做參考。有一天傍晚，趕去住家附近的「信x郵局」寄走包裹後，隨手翻一下，陳列書架上的刊物，發現「XX天地」雜誌內有幾個幽默笑話，趕緊利用現場的「匯款單」背面空白處，猛抄了起來，直到有一局員走到我身旁，微笑著問我：

你在抄什麼東西啊?我們已經下班了，要關門啦！

我抬頭一看，才驚覺自己太專注，竟沒察覺郵局內已經空無他人，而且已經拉下鐵門要打烊了。我只好笑著頻頻對他說：

很不好意思！耽誤你下班時間，眞對不起啦！

我趕緊收起筆記紙，聽他指示，匆忙從後門跑走；回家的路上，我自己越想也越覺得很好笑耶！我自己也搞不太懂，在這古稀之齡，還超愛學習新事物，且樂此不疲，更覺得妙趣無窮耶！

處處是教室　隨緣多珍惜

求知本無涯　快樂忘自己

（四）重金拜師學口才

我因寫了「及時的愛」一書，那是我第一本親職教育經驗談，還蠻受讀者喜愛而暢銷，也因此開始應邀擔任「親職教育」的演講工作。過了一、二年後，邀請的單位越來越多，有時一天要趕二、三場。那時年輕力壯，體力雖很夠，可是喉嚨卻有一點受不了。

我一向講話比較快速，嗓門又不小，有時爲製造現場氣氛，帶動情緒高潮，必需說得慷慨激昂，口連珠炮，因此演講完，喉嚨就會有一點沙啞了。

1. 勇敢投資自己

在偶然機緣裡，我試著向一家位在台北市長安東路的「口才訓練班」求教。班主任是劉氏兄弟，各擅專長，據說是專門指導，選舉時的參選人及助講員，以及社團或企業負責人等。訓練內容包括丹田發聲、正確發音、說話聲調、講台態勢及全身肢體語言等，都有全方位的講解及演練。

我很謹愼地先去瞭解一次實況後，才決定去受訓，因爲學費的確很貴。那時候，上一次課就收費新台幣五千元，一期要連上五次，每次二小時，採一對一個別指導方式，我就勇敢投資下去，想好好栽培自己。

我抓住學習重點在「丹田發聲法」部份，老師指出我過去是用喉嚨或胸腔發聲，要我改採腹式呼吸和丹田發聲法。既可保護嗓子，且能發聲渾厚，更可保持青春活力，不易蒼老。既然好處多多。學費雖貴，只要能學到精髓眞傳，就很值回票價了。

常聽人說，上任何課程，你「**要繳學費才能學會**」，就像「免錢的藥，吃了無效」一樣，做任何事，一旦你付出了代價，你才會珍惜它、看重它。

2. 勤練苦學功課

老師上課講解又加上示範後，就會要你上台演練，並矯正錯誤，直到你做得正確方休。每次上課前，我會把上一次回家複習，或演練的心得說出來，請老師檢驗方法是否做正確了。若有修正部分，我回家後會再拼命練習。

老師曾誇獎說：**你是我見過最用功的學生。**

劉老師還把正確嘴形、清晰咬字和丹田發聲，作三效合一的演練，特別創作了一些短文或口訣，要我對著鏡子唸出，察看是否符合標準，更要求我常常背誦，多多練習。我在家裡，便一次又一次的複習，例如有其中一段內容，我隨口秀給你聽，你若學會了，那你就免費賺到啦！那是：

我是獨一無二的，我是舉世無雙的，從頭頂到腳底，我是世界上最有價值的人，我要使我的價值增加一百倍，請多指教，謝謝各位！

你看！他把磨練口才和激勵自信心，合而爲一當教材了，當然還有很多絕招，只能在面授時心領神會，難以憑口轉述囉！

3. 出錢出力受益

有一次上課前，師生聊天中，老師好奇地問起我，爲何來學習的動機。他大概是想不通：

一個媽媽，怎麼肯花大錢來學口才？

我笑著回答：**因爲在家裡常要大聲吼叫孩子，怕把嗓子搞壞了，所以才來學習，怎樣才能輕鬆罵小孩！**

老師聽了這個有趣的理由，竟哈哈大笑起來，我也用哈哈笑，來掩飾我不便說出的另一個身份。

當初要去報名受訓前，我曾多次叨唸著學費太貴。我先生和三個孩子，爲了鼓勵我，竟大方地贊助我的學費，還笑說「**我們出錢，你就出力。**」想不到這股分工合作的力量，卻有驚人的激勵效果耶。

每次我上完課回家，全家人都關心地問著：「**今天老師教什麼啊？**」我也樂得轉授一番，他們也多少有受益呢！因爲口才是人人都用得上，也都需要花功夫研習的。孩子們還笑說這是：

一人學習，四人進補，幫媽媽投資一點學費，還能賺到回收效益，很値得吔！

我學的許多口訣，常因耳濡目染的結果，他們都能朗朗上口呢！

4. 寶貴經驗無價

自從學會了那一套演講技巧，尤其是懂得運用丹田發聲法後，演講再也不必說得臉紅、脖子粗了，而且聲音變得渾厚柔美，喉嚨更是不會累，聲音也不再沙啞了。此後，只要多接幾場演講，就可輕易賺回所付的學費了。更何況，後續的效益，還可能賺很大喔！

「你只要學一陣子，就能應用一輩子。」這是我常常鼓勵，我開辦的「快樂父母成長班」學員的一句話。其實，就是我自己從學習口才課程的經驗中，深深領悟到的寶貴心得啦！

學一次應用一世　快投資栽培自己
早學到就早賺到　補習效益大無比

（五）集師廣益學無涯

有一年在報紙上看到招生廣告，當時位在台北市中華路上的「時報廣場」，開辦「口才研習班」，我又再次去報名，從初級班學到高級班才結業。王時成老師比較注重演講稿的撰寫要訣，和上台演講技巧，常要求學員，就他指定的主題，自己寫好文稿又背熟後，上課時就上台演講，講完後，老師馬上講評，指出優點或需改進地方。大家互相切磋、觀摩的機會就多了，眞是獲益很大。

1. 互助互利

課程結束後，在老師的建議下，十多位同學就組織一個「口才研習會」，地點固定在和平東路上的「科技大樓」旁的一家茶藝館，每次每人只要付二百元的茶資和晚餐費，就可以不限時間逗留館內。

我們約定每兩週聚會一次，學員要把事先排定討論的主題，各自在家裡準備好內容，並自己演練純熟，上課時再輪流上台演講，台下同學當評審，給予評論或建議，最後才由王老師做總結。

有時則改採辯論會方式，分成正反兩組，互相腦力激盪，刺激深度思考，讓眞理愈辯愈明。老師都是免費義務指導，時間長達二、三年，我自己每次都很用心準備功課，且從不缺席，收穫就更多了。

2. 精益求精

去年因一位亦生亦友的張淑芬同學推介，我又跟隨黃文安老師學習口才，我一直參加培訓課程，直到最高級的「師資訓練班」，是專門培訓初級「口才訓練班」的講師。黃老師很注重講稿的規格化，例如「三分鐘演講術」，就設定開場及結尾各四十秒，內容就是一百秒。黃老師擅長運用講故事、說成語及引用名言等，插進演講內容中，更容易引起聽衆的共鳴。尤其是發明了許多押韻的順口溜，說出來就很有「出口成章」的韻味，易懂好記，我從中得到很多啟發，應用在演講「親職教育」內容中，也十分實用，例如：

成長看得見，學習是關鍵。

有了好口才，才有好將來。

空氣會污染，情緒會傳染。

好話一句，做牛馬都願意。

學習進步像爬樓梯，退步像溜滑梯。

先接納他的心情，再解決他的事情。

有兩種教不能信，就是計較和比較。

樹枯無果實，話多無價值，腦空就糊塗。

黃老師特別擅長講簡短故事及精彩笑話。課後作業常規定每次上課要準備十個故事、十五個笑話，上課再上台演說。受訓那段期間，我努力收集了很多小故事及幽默笑話。這些都變成我日後的寶貴資產，這也印證了老師常說的話：

壓力就是壓出潛力！煩惱就是麻煩腦子想一想。

有了好老師的帶領及督促，學習不僅成果超有效，進步更神速！

3. 學海無涯

我拜師學藝的三位口才班老師，教授的課程各有特點，我努力吸收他們的專長，再加以系統整合、融會貫通。我演講時，有不少聽衆都很佩服我的學識、幽默或口才，他們那知道，我在事前花費多少紮實的功夫呢！不過，我也不會到此就滿足了；凡事，沒有最好，只有更好。今後我還是要多研習、再進修的，力求百尺竿頭，更進一步的！

我的第一位口才訓練啟蒙老師，曾教我利用嘴巴奮力吹氣，用來吹滅面前手上舉起的燭火，來磨練自己，成就強又有力的丹田發聲力道；我就藉此說個笑話，但絕無惡意褒貶任何宗教的意思，只是藉此鼓勵大家說明「**成功是優點的發揮**」，純屬博君一笑。

4. 故事總結

從前有三個不同信仰的好朋友，聚在一塊兒暢論宗教優劣，秉燭夜談到深夜－當時尚未有電燈啦！卻仍然無法分辨出來，到底誰信仰的宗教最好，因爲每個人都堅持自己信的宗教最優，誰都不肯信服對方的說法，眼看這場激辯是沒完沒了，弄得大家都疲累不堪了。

最後，佛教徒想了一個妙計，就提議說：

這樣好了，我們每個人分別對著面前的燭火，說出你信仰的宗教，在每次禱告結束，最後說的那句話，如果燭火立刻熄滅的話，就表示他信仰的宗教最好、最靈驗。

這個建議，另兩位也覺得滿合理，總算是有一個公平、公正、公開的評比標準了。於是，大家都同意了。基督徒首先對著燭火說：「**阿門！**」但燭火並未熄滅；回教徒也隨後說：「**阿拉！**」燭火也還亮著；最後，大家都盯著佛教徒看，只見他以台語用力大聲說：「**阿彌陀佛！**」他把最後一個字，用力吐氣一吹：「**呼！**」

結果就把燭火給吹滅了。

「掌握你的優勢，發揮你的優點，全力以赴，你就是生命的贏家！人生的勝利組！」

這也是我用功學習口才，所領悟出來的附加價值。

師傅領進門　學習靠練功

台上十分鐘　台下十年功

（六）歌聲伴我樂此生

我近年來在許多中、小學或機關團體，講授一系列的「快樂父母成長班」，每堂課都會配合講題，教學員唱一首歌，我都選擇好聽又好唱，淺顯易學的詞曲；例如「祝你幸福」、「再試一下」、「生命如花籃」、「愛拼才會贏」等。如此，不僅可增加上課趣味，最重要的是鼓勵家長，回家多和家人一齊練習，培養親子愛唱歌，或喜好音樂的興趣。

我也常以「有獎徵答」方式，贈送學員音樂CD，以實質行動鼓勵大家多欣賞音樂。因為家庭是需要全方位的經營的，而音樂就是最美妙的生活調味品。這是我獨創的教學絕招，若要回溯我跟音樂的因緣，就得從我的成長過程說起了。

1. 有心栽花花長成

我唸「成功國小」三、四年級時，有一位林勤曲老師，他每次上課，就叫同學把風琴搬到戶外，高大蔭涼的樟樹下，一面彈琴，一面教我們唱，老師常常微瞇著雙眼，輕晃著腦袋，露出陶醉的笑臉，我們就越唱越開心；涼風吹來陣陣的花草香，師生都浸沉在美妙的旋律中。

那時學會的許多歌曲，像「憶兒時」、「秋風的話」、「春郊」等，至今還能朗朗上口呢！林老師在如沐春風中，輕易地把音樂的種子，撒播在我們幼小的心田裏，日後才有機會讓它發芽、成長，甚至開花、結果。

我小學五、六年級，因為學業成績優良，曾獲選當「鼓笛隊」

的鼓手，每天升降旗時，擔任演奏國歌及國旗歌，有時候，遇到國家慶典時，還會外出遊行表演呢！此後，我更加喜愛陶醉在美妙的樂聲中。

2. 良師啟發恩澤深

讀「溪州初中」時，請來一位林老師，他教音樂時，從不勉強我們看懂五線譜，只要大家唱得高興就好；而且學期分數都打得很高，教唱的歌謠都是很生活化的，像「秋菊」、「送別」、「高山青」等，至今都還記得牢牢的。

升上「北斗高中」後，音樂課是由一位中年微胖的男老師擔任，他唱起歌來，中氣十足，宏亮的聲音震撼全場。

老師還會唱很多國的名歌，有時也會教我們唱；有一次用西班牙語，教大家唱「西班牙姑娘」，很多同學都懶得學，他們說：英文歌都唱不好了，還學什麼難記的西班牙語歌。

當時我卻懷著極大的好奇心，興致勃勃地努力練習，也許是下過苦功夫才學會，一直都牢記在心呢！

千萬沒想到竟在唸「師大」時，參加大專青年暑期活動，其中的「國際事務研習營」在結業驗收成果時，是以召開「國際青年領袖會議」爲主題，我因扮演西班牙代表，在隨後的聯誼節目中，它卻讓我有機會一展歌喉，歌聲驚豔四座呢！

3. 有備無患樂趣多

老師還熱心地組了一個合唱團，我也爭取參加，在他指導之下，增廣許多音樂知識。我學會了很多著名的歌，像我國的「天倫歌」、「杜鵑花」、「四季紅」等；西洋歌曲有「夜空」、「喔！老黑爵」、「散塔魯琪亞」等，都是令人百唱不厭的。特別是義大利民謠的「散塔魯琪亞」，更是讓我又有機會派上用場耶！

那是在我中年時，有一次跟外子旅遊歐洲，到南義大利拿坡里的「藍洞」遊覽時，搖漿的當地船夫，途中就是唱那首歌助興，我也歡喜地輕哼原文跟他齊唱，贏得熱情船夫頻頻向我點頭致謝，更獲得同船的旅伴，露出十分羨慕的神情呢！

人生沒有用不到的經驗，「有備無患」已成爲我生活中的座右銘，凡事寧可「備而不用」，卻不可「用而無備」。這也是愛好音樂所體驗到的一項生活哲學吧！

讀「北斗高中」時，校方有一項優良的傳統，就是每天在升、降旗集合的前、後時段，都會播放音樂，選擇輕快、活潑的進行曲、軍歌等，像「桂河大橋」、「飛鷹進行曲」等，不僅提振學生活潑的士氣，而且也滋養了我們的音樂細胞，這是讓學生在潛移默化中，培養喜愛音樂最好的境教。現在學校雖少有升、降旗活動，但我建議可在每節下課時，校方就播放音樂，讓緊張的身心，放鬆一下，好處多多耶！

4. 決心學習永不遲

念大學時雖沒音樂課了，但我早已愛上音樂了，所以就把當家教存下的錢，拿來購買一部電唱機，常常買流行的唱片播放，也成爲室友們的共同娛樂。那時學校的體育課，我就選修土風舞，像「鑽石舞」、「沙漠之歌」等，學校課外活動社團，我也參加「土風舞社」又學了不少舞曲。

大學畢業後，返回母校「溪州國中」擔任教職，利用放學後，就跟當時的音樂老師機增玉小姐，學習鋼琴及聲樂，總算更能準確地看懂像豆芽菜的五線譜了。

我從沒料想到，這許多年來對音樂的喜愛，竟然可以延續發揮效果，直到教養下一代呢！

5. 教導兒女效益多

我三個孩子小的時候，我常把他們抱在懷裡唱著搖籃曲，尤其是大女兒約四個月大時，夜半醒來不肯睡覺，還一直大聲哭號，後來我們發現唱歌給她聽，她就安靜不哭了。連孩子的爸爸，白天都請我教他唱些童謠，以便晚上輪他哄孩子時，就可唱來安撫她。

孩子稍長大後，我就教導唱兒歌，後來我轉當全職媽媽後，比較有充裕的時間陪伴孩子，我便購買許多整套的兒童唱片，時常陪伴三個孩子一起聽音樂、學唱歌，還一起跳舞呢！

我們先後都送三個孩子去上兒童音樂班，上課時，媽媽也可以陪在身旁學習，方便回家督促孩子複習功課。眞幸運，我當年學會看的豆芽菜樂譜，現在剛好可派上用場。

最記得，有一年的聖誕節，我和大女兒用鋼琴合奏「聖誕鈴聲」、「平安夜」等樂曲；兩人十分開心地體會了和諧、共鳴的情趣。

我還深深記得，有一個夏日黃昏，吃過晚飯後，大女兒跟我散步到台北市「民生國小」對面的延壽公園，我坐在椅子上，她站在我面前表演，連續演唱了二十一首歌，眞教爲娘的我，歡喜莫名，頻頻拍手稱讚呢！

6. 喜見兒女薪傳情

我的三個孩子受到我的啟發和鼓勵，小學時期老師教的口琴、直笛等樂器，都學得很好。大女兒學的口琴，經過高手爸爸的調教，還學會附加裝飾音等技巧，她念小五、小六下課時，常常有許多同學圍聚在她身邊，要求聽她吹奏許多優美歌曲。

有一年聖誕節前夕的音樂課，老師還請她表演「平安夜」、「聖誕鈴聲」的應景歌曲，贏得許多掌聲呢！兒子在家中，更是時常吹奏直笛，給最疼愛他的阿嬤聽，我最記得有一首「河流」是婆婆的最愛。小女兒的直笛也吹得滿好的，我在廚房烹調食物時，常常請她在一旁吹給我聽，增加不少生活情趣呢！

上了國中後，三個人都分別獲選擔任校方的軍樂隊、鼓號隊及舞棒隊，這些才藝都跟喜愛音樂有關。現在孩子們都長大後，也喜歡欣賞古典或現代的音樂，我們家中清早還播放樂曲，當做「溫柔的起床號」，夜晚睡前則放些輕柔的晚安曲。欣賞音樂已變成了我們生活的一部分了。

最近我又有機緣學會吹陶笛，已經練會二十幾首了，還公開表演過好幾次呢！我曾定期參加教會的「讚美操」活動，竟然發現小學教的「野餐」的歌曲，是選取自聖歌「輕省的擔子」開頭的一段；另有「衛生十大信條」的旋律，則是套用「殷勤不可懶惰」的曲子，難怪聽起來好熟悉，也湧現快樂童年的喜悅呢！欣賞音樂，竟然可以超越時空情境，回到從前，一時忘了我是誰啦！

我好喜歡聽音樂，尤其當了全職媽媽後，在家做家事，像調理三餐、清潔打掃或整理剪報時，就會放些音樂，陶冶心情，增加許多生活情趣；有音樂陪伴，做起事來，更有精神和幹勁呢！偶而也隨興跟著哼唱一番，或聞歌起舞一小段，更是開心無比耶！這樣在家獨處時，就不會覺得寂寞。感謝音樂的恩賜，讓我享受美妙的時光。

7. 喚回母親的記憶

其實，我學音樂最早的啟蒙老師，應該是我母親，我媽媽曾讀完日據時代的小學，所以我小時候，媽媽常教我們日本的兒歌，像「洋娃娃」、「小白鴿」、「烏鴉歸巢」等。

很神奇的一件事，我媽媽九十多歲時，有一次生重病，住進彰化基督教醫院。等高燒退去後，日夜卻都還在昏睡之中，怎麼叫都叫不醒。

我最近我看電視報導，說雲林縣有一位95歲高齡的婆婆，生病已陷入彌留狀態時，家人播放她熟悉的佛經，她竟能恢復意識，又會拍手合掌跟著吟誦起來呢！音樂多神奇，眞是魅力無法比！

於是，我和大姊想起媽媽以前也愛唱歌，就撒嬌地央求她說：媽媽！媽媽！你再教我們唱歌，那一首叫「洋娃娃」的，要怎麼唱啊？拜託啦！快教我們唱啦！

我們又是懇求、又是拜託，一再鼓勵她。起初，她都推辭說「不記得啦！」於是，我們就先開頭唱一兩句，然後再問她：「接下來要怎麼唱？我不會了耶，你趕快教我啦！」

但我們不放棄，又再三慫恿她，果然她就能接著唱下去，雖然唱的力氣小些，但歌詞和旋律都還清晰；就這樣，我們母女三人，在病床邊很多次，一起唱了好幾首歌後，母親就漸漸清醒過來了。也許是我們喚起了母親在腦海中，最美好又最深刻的記憶吧！唱歌，竟能帶來如此驚人的效益耶！

我近幾年來，也參加了兩個「銀髮族」的歌唱班，定期跟同儕一起學習切磋，就會更有恆心和效益，又能結交同好，擴大生活圈；唱歌使我們晚年變得更有活力、越年輕，是最佳的同「童」樂會耶！

近年來醫學專家研究，發現唱歌是增進身心健康的第一首選，因它會產生快樂荷爾蒙；又它有歌詞、曲調、節奏要記住，動腦又動口，能刺激及活躍腦神經細胞，正可預防罹患失智症；且應用腹式呼吸，收到按摩內臟器官的運動功效，可說百利而無一害。我抱著「吃好逗相報」的分享美意，懇請大家多多來唱歌、聽音樂喔！

父母親本身的各種才藝、興趣或娛樂，兒女長期的耳濡目染，或是有心的栽培教導，竟像接力棒一般，自然地傳承下去啦！我萬分感謝音樂的陪伴，帶給我無窮的益處。音樂！唱歌！我好愛你喔！

源遠流長音樂風　多年栽培幸有成
不信青春喚不回　歡樂歌聲喜傳承

（七）學到老樂到老

我很喜歡不斷學習成長，追求新知，我參加台北市「大安國中」的「快樂父母成長班」已十多年了，至今算是唯一留下的資深學員了。我長期擔任「親職教育」的講師已近二十年了，但是每週一上午，就是我享受當學生的快樂時光了。

有一年，快到母親節時，我們上課前一周，班長張美人向同學宣佈，要徵求義工，是要到她家一起製作康乃馨紙花，準備在下週一上課時，要贈送給每位學員，一同慶祝母親節。我雖然本身工作有點忙，但這是個學習的好機會，我立刻報名參加。

那天在美人家聚會，大夥兒邊做花朵，邊談天說笑；另外也學唱「母親眞偉大」的應景歌，屆時我們幾位同學，先在班上帶頭唱，隨後再請全體學員齊唱，爲自己，也爲天下媽媽們，歌頌一番。

1. 現學現用及時樂

剛好前一週的禮拜六，外子的高中同學顏老師要嫁女兒，我倆趕回彰化縣北斗鎮的故鄉參加婚宴。會中主持人爲了應景，在串場時就帶大家齊唱這首歌，他發給來賓的只有歌詞。

會後，我及時稱讚他的創意外，順便請他把歌譜用電郵傳給我，因時間緊迫，我下週一就要派上用場了，所以我拜託他在當天晚上就傳寄；結果，深夜我回到台北家中時，果然電腦裡已收到了。

我馬上打手機跟他道謝，他才說是託友人連夜傳的，他人現正在赴屏東趕辦要事；他這麼熱心的協助，眞令我感動又感謝。

我列印出歌譜，趕緊用陶笛吹奏，練習很多次才順口，也及時趕在下週一上課時，先獻奏一遍，帶頭熱一下場子，帶動大家齊唱啦！結果效果眞好，也獲得很熱烈的掌聲。許多同學都稱讚說：「**你演講那麼忙，想不到妳還有空，學會這項才藝啊！**」

2. 再獻才藝驚喜多

又有一年五月初，我應邀到北市內湖區的「福元社區」，做一場「親職教育」演講，它是由鍾秋香老師的「功文輔導教室」主辦，也是爲慶祝母親節的活動。鍾老師還事先跟我說：

有四個學生會現場演唱那首歌，獻給敬愛的媽媽，並由她的公子徐X君，以小提琴伴奏。

我跟她說「我也可吹陶笛跟他合奏。」她很高興歡迎我共襄盛舉。

於是，我又找出歌譜複習，屆時果然驚豔全場。我的美意，是一起參與祝賀佳節，有聽衆當場還比出大拇指跟我說：

林老師，你好棒耶！我從沒看過講師這麼有才藝的！

談到我學陶笛也是很意外的機緣。幾年前的一天，小女兒爲了祝賀我生日，就招待我一起去新北市的淡水區遊玩。我倆漫步在濱海步道賞美景時，聽到有店家播放陶笛演奏的音樂，十分悅耳。於是循聲找到那商家，好奇地入內探詢。

3. 抓住機緣試笛聲

原來只要跟他買一個陶笛，店員就會免費教你二小時的吹奏要領。我喜歡接受挑戰，嘗試學習新事物，於是立刻同意，當場就跟著她演練起來了。

女兒則是進進出出買飲料、冰品，好意要給我潤喉解渴，我卻無暇享用；女店員一再稱讚我專注練習的精神，她說：

很少看到這麼認眞、用功學習的媽媽耶！

我的專注和努力，終於抓到入門要訣了。

此後，我常在家中抽空，照著曲譜說明，自學自練一番，至今已學會吹好幾十首的歌曲了。每當我打電腦寫書或做家事累了，就吹奏幾首，轉換和放鬆一下心情，因爲變換工作就是休息啊！

4. 趁早學藝用處多

我當年在「溪州國中」當老師時，曾經把握課外時間，跟隨一位教音樂的機增玉老師，到她家的音樂教室，學習鋼琴及聲樂。也因此學會看懂樂理及樂譜。當初只是抱著興趣去學習，眞沒想到結婚生子後，卻能派上用場耶！

在我三個兒女幼年時，他們參加「X葉兒童音樂班」期間，除了陪伴他們一起上課外，因我看懂樂譜，才能指導他們溫習功課；當時有不少同學的媽媽，因看不懂豆芽菜的原譜，就無法督促孩子複習了。我婆婆常說：

死不可學，什麼都要學；死不可早，甚麼都要早！

的確，學習任何知識、才藝，都是要趁早把握天時、地利、人和等因緣；否則一旦時過境遷，就永遠錯失良機了。就像俗話常說的「有備無患」嘛！

你及時抓住機會學習，並多加複習，除了日常享受樂趣，調劑生活外；學會了一技之長，說不定日後，哪天需要應用時，就能發揮很大的效益。可說是自娛、娛人兩相宜呢！我學習鋼琴或陶笛的機緣，就是很值得參考的實例喔！

我過去參加多期的「文藝寫作班」，當時授課的孫如陵老師，他是中央日報，很著名的資深副刊主編，他曾語重心長地，勉勵學員說：

牛奶是擠出來的，文章是逼出來的，時間是找出來的！

我一直奉爲終身的「座右銘」並努力實踐出來！

活到老　學到老

用到老　樂到老

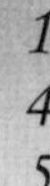

（八）書香 SPA 樂透了

我這期參加的大安國中「快樂父母成長班」，校外遊學活動，是參訪位在陽明山的陽明書屋及香草農園。由於我擔任記錄此次學習心得報告，並希望課程內容能豐富有趣，於是我主動扮演穿針引線的串場角色了。

三十多位學員準時集合，一大早坐車出發後，我建議今天採用DIY方式上課，也就是「人人當老師，個個是學生」。請大家發揮自助及互助的精神，希望收穫滿行囊。

課程雖有設定目標，但是學習過程更不可輕忽。因此旅途中當然不能放任學員睡覺、看電視或私下聊天，一定要有團體活動才行呀！

1. 把握情境引爆熱情

爲了達到拋磚引玉的笑果，我趁著遊覽車，緩行在擁擠的市區車陣中，翠玲班長又在分發礦泉水時，及時把握空檔機會，一連說了三個應景笑話：

一是：國語的「多喝水」，聽成台語的「倒好勢」，會錯意的趣事。

二是：公車司機對外國乘客，提醒他需再投入第二段車票費用時，他用台式英語喊說：「Stop！Your Father」一給你爸擋咧！

三是：「舊機車上鎖跟醜女孩化粧」的抬槓笑話。

除了逗得大家哈哈大笑外，更挑動每人深藏不漏的「笑話細胞」，紛紛貢獻各色各樣的開心果。

例如力立講的「電腦選課」搞怪玩笑；貴鳳說的「辦公室表錯情」笑點；瑞麟掰的「四聲考題」趣聞；雅琴秀的「理由千條」閨中笑談…。都引爆出一波波的笑浪和掌聲，幾乎讓全車的人，笑倒到不行啦！

2. 齊唱花曲歡樂到底

爲了先預習一下此行的課程，我邀請大家演唱有關花草的歌曲。於是，許多埋沒在廚房的媽媽歌后，爭相展藝，紛紛飆歌起來了。你聽：

淡淡的三月天，杜鵑花開在山坡上，杜鵑花開在小溪畔，多美麗啊…。

這不正是歌頌陽明山，杜鵑花的美景嗎？我們接連唱了許多名歌，像茉莉花、柳條長、雨夜花、蘭花草、夜來香、踏雪尋梅、生命如花籃、路邊的野花不要採等。開頭常由一位同學先唱幾句，馬上就有人跟著哼唱起來，後來往往變成全體齊唱了，眞是獨樂樂不如衆樂樂啊！

大夥兒乘著歌聲的翅膀，陶醉在花好人圓的時光中，臉上煥發出青春、活潑又美麗的神采！不過，此曲只應車上有，人間難得幾回聞！

3. 書屋風情繁花似錦

「陽明書屋」前身叫中興賓館，是先總統蔣公做爲，接待貴賓及避暑行館之用，它是一幢二層樓的中國庭園式建築，占地十五公頃之多，民國五十九年啟用，但八十七年才開放供民衆參觀。

館內遍植各種珍貴花木，每年三月可賞獨特的山櫻花、四月有稀罕的金毛杜鵑，五月則是開滿黃花的相思林，解說員還在樹下分享一首台語的相思詩：

目前一抱相思叢，相思病起不知人；

醫生來看講無望，愛人來看好冬冬。

館前築一道「照壁」高牆，據說爲了擋住對面高聳的七星山，蔣公以五星(上將)對七星，畢竟人命還是敵不過山壽，所以只住幾年就往生了。

4. 蔣公身高你猜多少

館內進門處走廊遍掛紅色喜燈，一樓大廳是中式裝潢，牆上中央掛一幅蔣公穿著防彈披風畫像，據說是根據蔣公本人實際身高畫成的，是畫家許九麟的傑作。解說員提醒說：

你們注意看，不管你從左或右邊的任何角度看畫像，蔣公炯炯有神、英氣逼人的雙眼，都會正面對著你看喔！這是作畫時應用燈光投射的巧妙功夫喔！

大夥兒趕緊印證一下，左看看、右瞧瞧，果然都嘖嘖稱奇呢！

解說員還賣個關子，要學員猜一猜蔣公的身高，結果大家說出的數字都高估了，原來他只有169.5公分。大夥兒驚訝之餘又議論紛紛，結論是：

蔣公身材結實又站姿挺直，也常常站在高處演講，百姓只能抬頭仰望，因而塑造了他高大的形象吧！

隨後有位學員說：「以後一定要叫孩子不可彎腰駝背才好。」身旁的一位學員打趣說：「這樣將來才能當蔣總統喔！」引來大夥兒一陣哄堂大笑。

二樓正廳是蔣公夫婦平日用餐之地，牆壁四個角落掛有夫人所繪「竹之四季風情」，是用噴沙玻璃拓畫製成，畫意展現「**春筍冒尖、夏日戲水、秋月高掛及冬風刮竹**」四季特色風情，十分清新優美。

5. 見賢思齊獲益無比

蔣公書房有一張書桌，對面擺放一張椅子；有人稱它是「滑鐵盧之椅」，凡是要晉升將官的軍人，都要坐在此椅接受各種面試。據說蔣公常以意外弄倒桌上的杯水，測驗應考者的反應，判定對方是否有處變不驚之膽識。通關成敗就在此一舉耶！

參觀蔣公夫婦臥室時，赫然發現他倆是分房而睡，乃因生活作息習慣不同，避免相互干擾；蔣公是早睡早起的軍人本色；夫人卻是晚睡晚起的夜貓型。連吃早餐也是各有喜好，中、西餐並列，但卻能同桌分食呢！如此夫妻也能恩愛共度幾十個春秋，他們互相尊重和包容的風範，更值得我輩多多學習呢！

我們也參觀了接待外賓或國賓的東、西客廳，蔣公辦公室、夫人畫室、家族大餐廳等，都讓我們大開眼界。最後才從傳說中的神秘地道離去，結束了一小時豐富的書香洗禮。

6. 腦力激盪情誼增長

下午，大家流連在一處香草植物農園，由園主介紹許多香草植物，像香茅、桂花、魚腥草、香蜂草、茉莉花、薰衣草等，學員都好奇地摸摸葉子，聞聞香氣，再帶著滿身香味，爬上搭建在高大樹梢間的樹屋，享受悠閒的下午茶時光。

在陣陣的花草茶香氣薰陶下，學員分組討論心得，促膝談心，盡情說笑，或玩故事接龍等活動。學識、見識默默地交流，友情悄悄地增溫了。臨走前，每人都親自種植一小盆薄荷或迷迭香帶回家呢！

歸途中，我又來個腦力激盪課題，「有獎徵答」請大家說出有關書的名言，當場印證一下，果然個個都是飽學之士，隨口說出很多精采佳句，例如：

有書大富貴，無事小神仙；

日日走不怕千里路，天天讀不怕萬卷書；

富者因書而貴，貧者因書而富；

行萬里路，勝讀萬卷書。

下車前全體學員還齊唱我們的班歌「萍聚」後，才熱情地互道珍重再見！

這次校外教學之旅，特別要謝謝亦青、玲美、桂美等多位同學帶來的愛心禮物，不僅當作表演節目者的獎品，更增添了下午茶的溫馨風味。

這次書香SPA之旅，真是快樂的不得了！

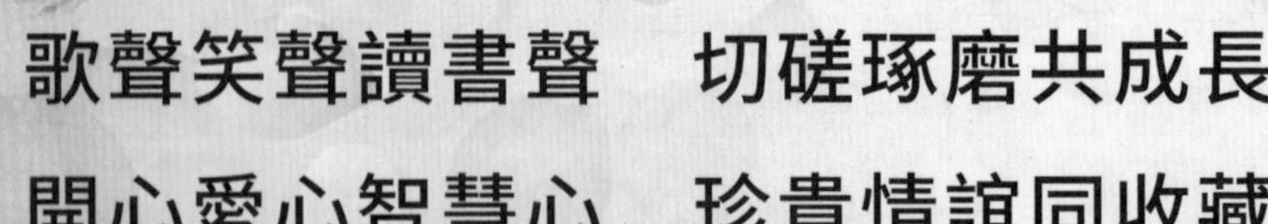

（九）校外遊學超棒耶

這個學期，大安國中的「快樂父母成長班」第八堂課，是安排戶外學習活動，就是參訪三峽祖師廟和鶯歌陶瓷博物館，好讓學員體驗「行萬里路，勝讀萬卷書」的精義。我剛好輪到負責紀錄此行，心得報告的任務，為了讓課程展現豐富的內涵，我特別賣力帶動氣氛，果然引爆了大家的潛能，全程充滿了驚喜的收穫，和超棒的笑果。

1. 隨機歡唱在一起

大清早在校門口集合，搭上遊覽車，準時出發後，玉英班長首先報告，上週校慶園遊會盛況，並一一點名，表揚熱心參與的學員，大家都報以熱烈掌聲，感謝她們為班爭光的苦勞和功勞。

接著，我請大家齊唱「快樂頌」和「郊遊」兩首歌，你聽：

青天高高，白雲飄飄，太陽當空在微笑，枝頭小鳥吱吱在叫，…我們心中充滿歡笑，人人快樂又逍遙。

正是唱出今天歡喜出遊的心情。遊覽車一路開上北二高，通過隧道時，我立刻又帶頭唱起「丟丟銅仔」的民謠，及時感受火車過山洞的美妙情境。

2. 新鮮話題樂無比

話說一向熱心班務的新美同學，以四十四歲高齡又懷了老四，大夥兒聽過她說的傳奇故事後，就你一句，我一句的瞎掰、搞笑起來。有人說她的寶寶鐵定是天才兒童，因為他的胎教最好，有這麼多優秀的媽媽同學；有人說要當他的乾媽或教母，越說越勁爆，最後小貝比變成人人有份的「班寶兒」了。

我就借題發揮，說了一個「做滿月跟搬新家」的笑話，馬上引起熱烈響應，接連桂美、貴鳳、亦青、榮玲等，都貢獻許多有點黃又不會太黃的笑話，逗得全車同學開懷大笑，掌聲連連。大夥兒在故事中也學到男女、夫妻、親子間的溝通或相處秘訣呢！至於精采的內容，曠課的同學只有羨慕到流口水的份啦！失禮啦！課程只此一次，無法重來咧！

3. 認識才知要保護

首站參觀「三峽祖師廟」，由義工鄭伯伯詳細導覽解說，我們才大開眼界，飽享耳福一番！此廟現已歷經第三次重建，是由本地畫家李梅樹先生所設計和監造，爲五門三殿式建築。殿內的木雕、石刻、銅雕及銅鑄，全是嘔心瀝血、鬼斧神工之傑作，享有「東方藝術殿堂」之美譽。

此行讓我們深刻認識了台灣廟宇的精緻藝術內涵，今後更要珍惜和愛護本土的文化資產。

臨走前在廟旁商店中，班長和我分別購買了兩樣，深具「古早味」的兒童食品及玩物，就是抽牌對獎的五色糖果，和戳洞送禮品的驚喜盒，大夥兒全程在車上，有「講」就有「獎」，玩得好開心，剎時，都墮入童年往事的快樂時光中，一時竟忘了我是誰？

4. 困境是發明天堂

第二站參觀「鶯歌陶瓷博物館」，它是一座融合教育、藝術、休閒等多功能的專業博物館。館內闢有「走向從前」、「回看所來處」、「穿越時空之旅」、「未來預言」等專室，圖文並茂介紹鶯歌陶瓷的過去、現在和未來展望。另有「常民之美」，「這不是個茶壺展」等特展，也讓我們嘖嘖稱讚，驚艷不已！

台灣第一位製造砂輪機的許自然先生曾說：

困境是發明人的天堂，正印證了「危機就是轉機」的生活哲學。

首創「和成牌」的邱和成先生也說：

想像讓人雄糾糾，因此發明了第一個馬桶，成就了「馬桶王國」的美名。

各位家長，今後若看到您的孩子在天馬行空、胡思亂想時，可別潑他冷水，反而要加油添醋，啟發、鼓勵他，說不定你正在造就一位天才發明家唷！

5. 現學現賣猜謎語

在介紹陶瓷日用品時，我看見一首閩南話的謎語：

一窟水，清幽幽，一尾鰻，紅目珠。

在回程的車上，我就現學現賣，請大家猜猜看呢！—各位看倌，你要不要試猜一下呢？

大夥兒就七嘴八舌討論起來，腦力激盪的結果，果然有一組人大喊「油燈」，她們又得獎啦！全車報以祝賀的掌聲。由此可見大家用心研習的成效啦！

6. 初體驗驚喜無限

午餐是在一處市民農園的餐廳享用的，品嚐有機蔬菜、南極冰魚、駝鳥肉等山珍海味，都是很獨特的美食喔！

飯後大家到農園裏參觀各類蔬果，有些人看到小小瓜果垂掛在棚架上，就猜是南瓜？是冬瓜？是西瓜？還是哈密瓜？答案揭曉的那一刻，我們這一票傻瓜都「哈！哈！哈」地笑得前俯後仰呢！

有許多同學一直都住在都市裏，從沒有看過蔬菜長在地上的長相，平時只見躺在菜攤上的模樣；因此有人瞎猜，有的誤認，等到有人說出正確菜名時，就爆出一陣陣驚喜、歡呼之聲，好不熱鬧！

許多人看見了薑株、白鳳豆都瞎猜一番，最後，還是只有我能認出它的廬山眞面目呢！同學都好佩服我廣博的知識呢！

我們這群內行、外行一行人，在冬日的暖陽裏，嘻嘻哈哈有說有笑地，盡享田園野趣，又學到很多農產知識，更贏得了許多珍貴友誼呢！

7. 創意作品考驗多

第四站是去一家規模很大的陶藝中心，我們除了參觀各式美輪美奐的展示品外，也有一項親自動手的「作業」，就是「彩繪陶盤」。先由師傅解說並示範做法，接著我們每個人要限時完成一件作品交出，以便廠方代爲燒製。考試開始，大夥兒都全神貫注，執筆揮灑起來，教室內頓時鴉雀無聲，連自己的呼吸都聽得見，個個都專注在創作中，…。

突然先後爆出一聲聲慘叫：

啊！完蛋了，我的頭不見了！天啊！我的腳少一隻啦！

差點把我嚇得筆桿掉落了，原來是新手作畫，沾了過多墨汁，竟把畫的人頭、螃蟹腳弄糊成一團了，只好擦掉重來了。大家拼命用功的結果，個個都交出漂亮的成績單喔！

班長說：「**等過幾天，廠方把大家的傑作燒好寄到學校時，要先保留不發放，可在結業茶會上，大大獻寶一番。**」

尤其是讓那些翹課的同學觀賞後，一定會悔恨地捶胸頓足，發誓痛改前非，今後再不敢找理由缺席了。

8. 智力測驗高潮現

最後轉戰「鶯歌陶瓷老街」，學員急忙採購精美用品、飾品，個個都滿載而歸。回程中，課程更是超好，除了笑聲、歌聲不停外，我也來個「急智問答」，我出了三個很夯的成語猜謎，考驗大家的中、英文組合能力，在此也露一手請你參一腳，**謎面是「誰家沒有電話？」**——猜四個字的成語。各位讀者，如果你一直都還沒想出答案，那麼，歡迎下學期來本班上課，屆時再向同學請教就知道了。

班長也出了一道「國文」試題，要大家應用四樣人、物的先後安排，串連成一個造句，就是：「我、猴子、鑰匙、獨木橋」，大家又陷入一團「智力測驗」迷陣中，紛紛說出千奇百怪的妙句，逗得全車爆笑如雷，只差車頂沒被轟飛掉了。

它是從中測試出你的「理財觀」，結果只有貴鳳同學，獨占鰲頭，榮獲「理財高手」后冠。這趟校外教學活動，就到此圓滿又豐收地結束了，下車前，大夥兒還齊唱「萍聚」那首班歌。

你聽：「**別管以後將如何結束，至少我們曾經相聚過…，人的一生有許多回憶，至少你的回憶有個我。**」

我試以一首打油詩和學員們分享心得：

浮生偷得一日閒　忘了柴米和油鹽

知性感性收穫多　珍重再見續情緣

（十）看破和突破

這學期大安國中「快樂父母成長班」第一堂課是「相見歡」，除了有迎新和敍舊活動外，因爲中秋節快到了，爲了應景，還特別安排教做「麻糬月餅」活動，全班分五個小組進行。

老師先示範及說明製作流程後，各組就開始分工合作了。其中一項製作餅皮的方法較複雜，首先要把水皮麵團包住油皮麵團後，再應用「三摺法」－先擀成長條形，再捲成圓筒狀，接著把麵皮翻轉個九十度方向後，再重覆做一次。最後才擀成圓形，做成餅皮備用；老師還特別叮嚀不可把操作順序弄錯，否則餅皮烤熟後就不會酥脆了。

我當時直覺的反應是：「既然做餅皮過程這麼麻煩，爲了怕萬一犯錯，就會變成全組的罪人，所以我乾脆不要學做這部份，只挑選其他項較簡單的工作。」反正我不做，總有人會去做的，因此我決定放棄不學了。

可是，我邊做又邊思量著：

我本來就是不會做才要學習的，現在有機會練習，爲什麼要白白錯過呢？我應該去試做一下，才知道我到底能不能學會啊！

那時候，我內心一直在看破—放棄，跟突破—嘗試之間，拉鋸交戰著，…。

說時遲，那時快，就在我猶疑不決時段，忽見餅皮已被同學做好了一大半了。我再次向自己心戰喊話：

你一向是勇敢學習新事物的人，這次怎麼不敢接受挑戰

呢？你再不趕快採取行動，等材料被做完了，你想學習，再也沒機會了。

於是，我硬著頭皮、厚著臉皮，再鼓起勇氣，跟正在擀皮的同學說：

你做得很好，請你教教我，讓我練習一下，好嗎？

她欣然同意，於是我一面說出做法步驟，一面放慢操作速度，果然順利做好了一片，接著，又一片片做下去，越來越順手，心中真是充滿喜悅和成就感。我發現當我實際動手去做時，反而沒有先前想像中的困難呢！更重要的是，我用行動突破了「害怕失敗」的心理障礙，建立起**「勇敢嘗試就有機會成功」的信念。**

做好的餅皮，再填入甜的麻糬團當內餡，並把封口鎖住好，送進烤箱烤熟就完成了。這真是十分寶貴的一堂課，它讓我在心靈成長的階梯上，又向上跨進了一大步了。回家的路上，我心頭上甜蜜蜜的歡喜滋味，比手頭上提著的月餅還濃烈呢！

看破突破一念間　壓出潛力變人才

莫依賴也莫等待　成功自己闖出來

（十一）要當永遠的學生

我在二年前，曾應邀到台北市大安國中「快樂父母成長班」演講，講題是：「怎樣幫助孩子功課更進步」，我講的都是家長聽得懂又做得到的方法，那是我自己經驗過來的心得，是很有效的絕招，結果獲得熱烈的掌聲和迴響。

1. 及時把握良機

下課後，我跟學員聊了一下，看到他們這學期所安排的，一系列十二次的課程，內容涵蓋多元講題，上課時段剛好適合我，離我住家又近，天時、地利、人和考量下，若不趕緊把握良機，更待何時？

於是立刻報名繳費參加。隨後每學期，我都刻意保留每週一上午，作爲自己充電時間，至今已參加六期了，而且每學期都獲得全勤獎呢！

每次去上課，我都懷著空杯子的心態，先把自己完全歸零，再專心地去吸收各種知識維他命。我常提醒自己要當一名用功的好學生。

因此，我上課從不遲到或早退，還選坐在前排，用心聽講且努力抄筆記，幾乎每堂課都抄下A4紙張，約有十張的內容，後來就改用筆記本，更方便保存。講師說的話，我幾乎可以全都錄。

所以下課時，常有同學借我筆記，去補充她們漏掉的部份。同學嘛！就是要一起學習、互相支援幫助的。

同學中有很多曾聽過我的課，但我請她們現在，就直接喊叫我的名字就好，千萬不要用「老師」的頭銜，對我「敬而遠之」，反而會把我跟同學間的情誼疏離了，因此，我都跟大家平起平坐，下課時大夥兒輕鬆地談笑自如，眞是快樂的不得了。

2. 帶動學習氣氛

在前幾期裏，我們的成長班，曾先後有兩次校外遊學課程，是參觀名勝或古蹟的活動，剛好輪到我記錄該節課程的學習報告，爲了讓大家充分互動及交流，收穫會更多，就建議大家採取自助及互助的方式，也就是「人人是老師，個個是學生。」我只扮演了串場角色，帶動大家分享各種幽默笑話、猜謎語、唱花草歌、做益智遊戲及有獎徵答等活動，充分發揮「寓教於樂」的效(笑)果。

3. 酷辣媽活力強

那一年，學校爲了擴大慶祝四十週年校慶，我們成長班也熱烈參與活動，就提供了一個舞蹈表演節目，就是跳起當時最流行的「蝴蝶啪啦啪啦舞」，充分展現酷爸和酷媽的青春活力。

舞團共有二十個學員組成，還聘請專業老師教舞，許多次固定在學校附近的「四維公園」，大樹下陰涼的空地上，勤快演練舞技。我因演練的時段，早已有學校預約演講，只好「割愛」，錯失了參與演出的機會了。

有一次，我抽空去給同學加油，看到學員們穿上自己設計的閃亮舞衣、金黃色披肩，背上再戴上兩支象徵蝴蝶的白紗翅膀，打扮得像一群美麗的彩蝶，眞是漂亮極了，舞姿更是活潑曼妙，像彩蝶快樂地飛舞著；跳到最後一個動作，是每個舞者要丟下身上的披肩，再齊唱並表演「祈禱」那首歌，給學校祈福祝壽。

4. 獻心力當檢場

我一看，丟得滿地的道具沒人收拾，就結束下台了，眞有點虎頭蛇尾的感覺；就提出建議，由我擔任檢場人員，上台拾取散落的披肩，爲整支舞劃下完美的句點，想不到老師和同學都一致贊成，我也樂得盡一份心力；只是當場有人說：

不好意思啦！怎麼可以讓慕凡老師屈就當檢場呢？

我笑著說：**只要我喜歡，又不礙他人，有什麼不可以？**

我說的是眞心話，我並不會覺得，有任何委屈或沒面子，而是懷著躍躍欲試的喜悅，想可藉此貢獻一分心力。也許那位同學還一直把我當講師，應該隨時站在舞台上當主角吧！其實人生有各種不同角色可扮演，你都可以去嘗試看看，只要你「做什麼，像什麼！」演出恰如其分，一樣可以樂在其中啊！

5. 握良機搞創意

於是，我開始設計演出方式，首先要再找另一位同學，以便分別從舞台兩側，相向迅速撿起披肩並在中間會合，最後才一起向觀衆敬禮致謝。

我還設計好舞台上的表演細節，例如提著花籃上台走步，要誇張地扭腰擺臀，表現出婀娜多姿的模樣；拾取地上物品時，手勢要像演歌仔戲中，用蓮花指的優美動作；敬禮姿態更要像西式土風舞中，男女有別方式等，總之一切表現要做到盡善盡美才好。

接著，我又想到，撿起的披肩總不能零亂地抓著或抱著走，那是工人的做法，完全沒有優雅美感了。於是我靈機一動，找出兩個漂亮的籐製花籃，更增氣氛和情調了。

至於頭上嘛！總該有些裝飾吧！而且要像蝴蝶頭部的俏麗模樣，於是就拿來小女兒黃色的髮箍，在頭頂兩邊，按裝上兩根纏裹著紅色塑膠繩的鐵絲，鐵絲頂端則套上兩個白色保麗龍小圓球，球頂中間各豎立一束飄揚的紅色細絲帶。

這樣戴上了髮箍後，就像極了蝴蝶額頭前的長鬚，整體造型十分逗趣、可愛，我只花了一個多鐘頭就做好了。在製作過程中，心中充滿了喜悅和成就感。

我真的很感謝這次珍貴的表演，才讓我有發揮創意的機緣。我還開心地揣想著，說不定我也擁有當服裝設計師，或舞台造型師之類的潛能，只是一直都沒機會去開發吧！這種自我感覺良好的夢想，也頗能帶來一些自我陶醉的樂趣耶！

至於舞台裝，就穿著黃色的休閒運動裝，不僅跟頭上的髮箍相互輝映，也很符合演出者的身份呢！另一位同學因在外上班較忙，我就幫她製作好，另一套相同的行頭。

6. 盡力就是要角

第一次預演時，同學們看到我的扮相，都萬分讚賞，紛紛搶著跟我一起拍照，或借用道具把玩一番，我頓時變成了最受歡迎的小咖要角了。正式演出那一夜，同學們的精采舞蹈，贏得熱烈掌聲，而最後我倆的檢場表現，更是讓觀眾耳目一新，驚艷不已，不斷鼓掌、叫好耶！

從這次參加演出的經驗，讓我體會出不少心得：「生活就是要隨遇而安，開心就好；時常保持新奇創意，活出個人獨特美麗。」

就像舞台上的主角們，各個都穿戴華麗的制服，並不顯得有何特色，倒是我們這個小小配角，只要服裝新奇、表演動作可愛，也可以出奇制勝，倍受觀衆矚目和讚賞呢！在學習中獲得許多成長和收穫，眞是一件很快樂的事，尤其是從「做中學」要比「坐著學」，收穫更多呢！

有同學好奇地問我：你自己已經是很有名的講師了，而且演講又很多，寫書工作也很忙，爲什麼還要這麼用功來上課，再進修呢？我會笑笑地回答說：

我當講師是付出，是分享我所有知道的；我當學生是收入，是吸收我所不知道的。

這兩種各有不同的樂趣，是相輔相成，也是相得益彰的事，所以，我都樂在其中啊！

此後，我決定要當永遠的學生，而不要當永遠的老師。

大安國中「快樂父母成長班」的課，我會持續一直參加的。順便透露一個很有趣的秘密，就是我除了要努力再進修、不斷追求成長外；我還會突發奇想，就是要順便測試一下我的底線，看看我到底能參加到第幾期啦！

請你要替我保密，千萬不要再告訴別人喔！以免被別人當笑話看，萬一被傳開來，就更會笑倒一大票人啦！還好！反正吹牛是不必打草稿，作夢也不犯法的呀！

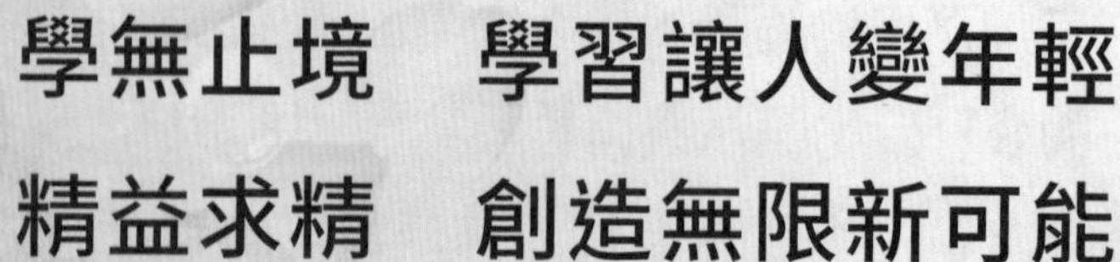

（十二）超愛這一味

1. 知足感恩

有一次，我到新北市的「金山高中」演講後，順便到聞名的金山老街逛一逛。在老街旁的一家，專賣古早味食品的商店，因爲才剛過年不久，我看到還很新的門聯寫著：

知足感恩辭舊歲，包容善解迎新年。

這是我看過最有意義又很實用的對聯，我趕緊拿出隨身帶的筆記本抄下來。

我們對於過去的一切，都要抱著知足和感恩的心，因爲：**「順境使你有成就，而逆境讓你有成長。」**人生是由過去，現在，及未來三階段，不停地延續的歷程。所以要知足過去所有的人、事、物的惠賜和協助，才會讓我們更珍惜現在擁有的一切。

感恩是感激別人給予的恩惠，最好是能把感謝的話，立刻當面向對方說出來；我曾在台北火車站，一樓大廳的巨柱上，看到黑X牌食品公司，所刊登的廣告字句：

心中感謝，不如當面說謝。

說的對極了，能及時向對方表達出，感謝的話語，就能讓他感受到施恩的喜樂；而你是接受人家恩惠的人，能及時回報他的善行，也會感受到當面回饋恩人的欣慰。一舉兩得，皆大歡喜啊！如果，你將來有能力時，更要常做善事，施恩於他人，以回饋社會，如此更能造成人間善行的循環。

我因去上「婦女成長班」會借用在台北市的「古莊里辦公室」上課，而看到牆上貼的標語：「一天的生活就從感恩開始」眞是說得太棒了。

因此，我創造出兩個「恩情儀式」，就是每天早上醒來伸個懶腰或運動四肢時，順便笑著對自己高聲說：「我還有！」這句話是套用日本人說「OH HI YO！」—「早安」的諧音。**接著要數算出你擁有的恩典，例如：我還有活著、有健康、有親人、有朋友、有工作，…等，真是太感恩了！**

你要感謝老天爺給你生命，能繼續活下去；感謝有父母、親人、愛你；感謝師長、朋友幫助你；感謝老闆給你工作，…等。

至於晚上睡前，也要再感謝一下，因為你又活過了一天，等於是又賺到一天了！我思考的結果，就說：**「謝天！謝地！謝自己！」**很感恩今天一切平安喜樂度過了。

你可仔細想一想，今天你從報紙、電視或廣播等媒體中，知道世界各地，發生了多少的天災、人禍或糾紛等可怕的事故，而你都能平安無事度過，你就應該感謝老天爺的恩賜和保佑呢！當然，也要再感謝一下自己的謹慎和小心保重啦！

2. 包容善解

包容更是終身要學習的功課，因每個人都是獨立的個體，這個世界上絕不會有兩人，思想、行為或愛好等是完全一模一樣的。也因為各不相同，才讓這個世界，顯得多采多姿啊！所以要尊重異己，包涵和容忍別人跟你不同的想法、說法和做法。也就是要「求同存異」，包容一切眾生，唯有這樣做，才能收到利己又利人的雙贏效果。

善解就是遇事要做善意的解釋，往好處想，樂觀面對，這是爲人處事的最佳守則。例如：以前雙北市對六十五歲以上的銀髮族，搭乘公車有優待票卡，爲了識別，所以上車刷卡時會響出「嗶！嗶！嗶！」三聲。

有些正面思考、樂觀面對的長者，會善意解讀成：「**三聲（生）有幸**」，就是：

一聲：有幸能長壽，活到六十五歲享受優惠；二聲：有幸很健康，能自己搭公車外出活動；三聲：有幸住雙北，才能享受這項特別福利。

這種人就會坦然接受年老的事實，也會把握欣賞燦爛的晚年時光，是屬於「夕陽無限好，管它近黃昏」的善解的人士。

可是有些負面思考、悲觀看待的的老人，卻會解讀成：「**三聲無奈**」，就是：

一聲無奈：惋惜沒有體力—身體日漸衰弱或生病。二聲無奈：怨嘆沒有權力—退休沒有屬下可使喚。三聲無奈：遺憾沒有財力—財產早分完給兒女了。

這是屬於「夕陽無限好，可惜近黃昏。」的惡解型的人。

請問您要做哪一種人，才會快樂呢？爲人處事能善解又樂觀的人，才能過得輕鬆又快活。

3. 平安無事

有一次，我去新北市的「鶯歌石」爬山，回程到彰鶯路的一家肉圓店，歇息和用午餐，意外發現牆上標語：

感恩平安無事日，珍惜健康有用時。

我身上一時沒帶紙筆，立刻利用桌上的「點菜單」背面空白處抄下，至今跟很多學生分享過。就像藝人蘇有朋說的：

每一口呼吸都是祝福。－Every breathe is bless。

因爲一口氣上不來，你就不用做人了。

我父親也常說：「**三寸氣在千般用，一旦無常萬事休。**」所以，每天能平安順利活過來，是多麼歡喜，且值得感恩的事啊！

至於「**珍惜健康有用時**」這句話，也給我很大的提醒。就是你除了能好好地活著，多多珍愛生命，但也要發揮它的最大功用和價值。

當你健康體力好，能做事時，就要貢獻一己之力，多做對自己、家人、親友、社會、國家，甚至全宇宙的萬事、萬物等，都有益處或有幫助的事，充分發揮生命存在的價值，才不辜負你每一天活著的意義。這樣做，你才是增加社會寶貴的「資產」，而不會變成消耗社會成本的「負債」了。

像我自己，雖已年逾古稀之齡，除了盡力經營家業、照顧家人或幫忙帶孫子等家內的事外。我也去公益機構擔任志工服務，也在住家社區裏做園藝志工；又努力寫作和到處演講，傳授及推廣我的「親職和家庭教育」理念，讓社會大衆明天會更好。我也正在撰寫我這平凡人生的精彩傳記，希望留傳下來，讓有緣人知道，曾經有一個全職媽媽，她這樣打拼過生活的故事。

4. 健康有用

尤其是上了年紀的銀髮族，一定要找些有意義的事來做，生活要有目標，並要多學習新事物，這樣身心才會更健康，每天才會過得很快樂，更能減緩老化的速度。千萬不要做「**三等國民**」，就是每天等吃、等睡和等死。變成的人間的「垃圾」，那豈不是白白浪費寶貴的生命價值啦！

年輕的上班族也一樣，千萬不要做「**三等上班族**」，就是每天等下班，每月等薪水，每年等退休；學生更不要當「**三等學生**」，就是每天等下課、每週等放假、每年等畢業的人啦！

我很喜歡四處走走、到處看看，湊巧不期而遇的人、事或物等，都能讓我增廣見聞，學習了很多知識、常識、見識；更能從中體會，或演繹出一些新的見解、靈感或甚至創意。讓生活處處有樂趣，時時有驚喜。有句話說得棒極了，就是：

我們雖不能決定生命的長度，但我們可以拓展生命的寬度。

這是我超愛到處學習的主因，另外，它也很能滿足我狂熱的求知慾，和探索美妙世界的好奇心；我不但樂此不疲，甚至還樂以忘憂，不知老之將至也。

常懷知足感恩　感謝要及時說

處事包容善解　快樂過好生活

（十三）學悟做三合一

我是「精健會領航團」的志工，這次九月份的進修課程，「自然體驗教室」活動，是安排探訪，擁有「台北西區綠色寶石」美譽的「台北植物園」。當天帶領的是領航員王年祥老師。他首先做了植物園歷史沿革簡介後，我們才知道它具有保育、教學、研究、遊憩等多種功能，當場有人打趣接口說：「**還有一項是男女約會地點啦！**」大夥兒聽了都哈哈笑起來。植物園佔地約八公頃，植物種類繁多，到處綠蔭密佈，很像一座活生生的森林博物館。

1. 小學生走進博物館

我們一行二十多人，就跟著王老師的解說，認識及觀賞眼前的各種植物，老師指著前方說：「**那幾棵很高大的椰子樹，名叫羅菲亞椰子，它的葉片是所有椰子樹種中最大片的。**」我趕緊抬頭瞻仰它玉樹臨風的飄逸風采。

接著老師又指著身旁一棵樹梢開滿紫紅色花朵的大樹，探問大家：**「這是甚麼樹？」有人回答是羊蹄甲、是香港櫻花，而正確答案是：美人樹。**

老師立刻教我們辨識這兩種樹，最大的不同點，就是美人樹枝幹間，會長出許多禿出刺人的樹瘤啦！老師又指著一棵大樹說：這棵紅檜至少有三、四十年久了，是很珍貴做家具的樹材喔！

老師又問：「**有誰知道台灣本土，有哪五大珍貴針葉林樹種嗎？**」大家都瞎猜得零零落落。

結果老師答案揭曉：**是紅檜、扁柏、肖楠、香衫、台灣杉。**

這是在十九世紀末，歐洲植物學家，來台灣進行森林資源調查，才發現這五種分布全島的針葉樹，材質極佳，木理通直，且有特殊香氣和色澤。

隨後老師就隨機指點它們的林相，和解說特點，讓大家認識。我們頗有茅塞頓開的喜悅。

2. 理性和感性的結合

走到一處蓮花池畔，老師說：

來！有獎徵答，**有誰知道，什麼植物從頭到尾，都有用處的？**

立刻有人答對了，就獲得一支王老師特選的禮物，是用木材刻成的原子筆，筆桿頂端還站著一隻漂亮鸚鵡呢！很搭配今天的野趣情境耶！王老師除了解說蓮藕、蓮莖、蓮子和蓮葉的食用價值外，又秀了一段宋朝理學家周敦頤的「愛蓮說」跟大家分享。你聽：

出淤泥而不染，濯清漣而不妖；香遠益清，亭亭淨植；可遠觀而不可褻玩焉！...。

說罷，大家報以熱烈掌聲。王老師不只學識廣博，更是性情中人，他把知性、理性和感性都融會在一塊兒教我們了。我見滿園盛開的粉紅花朵，也乘興分享了蘇東坡的詩句：

接天蓮葉無窮碧，映日荷花別樣紅。

還贏得不少掌聲耶。

3. 驚喜見廬山眞面目

有很多植物都是我第一次看到的，像「台灣蓮蓬草」就是俗稱的「水蓮花」，有學員馬上哼起歌來：

風微微 風微微，孤單悶悶在池邊，水蓮花，滿滿是，等待露水滴，…。

啊！原來它是台灣著名的音樂家，周添旺先生做詞的「孤戀花」，我是第一次親眼看到它俏麗的花樣，眞是好歡喜耶！

很難得的是又看到「牛樟芝」樹，最近新聞媒體報導，說它是珍貴的中醫藥材，常有山老鼠非法入山盜採，還被逮到；今天總算親眼看到它的眞面目，滿足了探祕的好奇心，眞是大開眼界啦！

我們還幸運地，聽到樹上松鼠美妙的叫聲，老師說：「**那是公鼠叫著要求偶的暗號耶！**」有同學說，孔雀會開屏，也是公的爲了要追女朋友，爲了吸引異性，才展現出美麗的羽毛耶！今天又增長了許多知識啦！好開心喔！

又有一區種植的是，古代詩詞中提到的花草或樹木，是經專家考證過的，我們好奇地觀賞又談論一番，有些詩句我都讀過，如今現場能對照和印證本尊一番，也是饒富風采和趣味了。

此外，我們也見識到代表十二生肖—鼠、牛、虎、兔等十二種的花木，旁邊還附有解說插牌呢！這些見識，都是充滿新鮮、有趣，也讓大家增廣許多見識，眞是收穫滿行囊呢！

只可惜只有半天行程，也只逛了園區的一小部份，走馬看花地繞了好多景點。大家都拜託王老師，要再繼續舉辦第二、第三場啦！一路上，王老師馬不停蹄，又滔滔不絕地解說，讓我們大飽眼福和耳福，我像是劉姥姥進了大觀園，也像求知若渴的小學生，一路上好奇地緊跟著王老師，專注地聆聽、觀察、探秘，也猛抄筆記，深怕有所疏漏呢！

4. 五感五力茅塞頓開

更難能可貴的是，王老師分享了，他鑽研植物二、三十年的心得。他說：「我們觀賞各種花草樹木等植物，是要經由「五感」再去發揮『五力』的功效。」

五感就是：應用我們身上的五種感官。

用眼去看「to see」色彩、形象等。

用耳去聽「to hear」鳥叫、蟲鳴等。

用鼻去聞「to smell」香臭、百味等。

用口去嘗「to taste 」酸甜、苦辣等。

用手去摸「to touch 」撫摸、接觸等。

最後還要用用心去感受「with mind 」—心領神會等。

這些都是要運用右腦去做的事，也就是日常生活中，要多培養運用右腦工作或觀看事物，例如多玩音樂—唱歌、聽歌或演奏樂器等；多繪畫—畫圖、數理遊戲、空間設計等，去嘗試—烹飪、種花、欣賞美景等。更重要的是，要擁有一顆追求眞善美的心，要有眞誠的關愛力、善良的保護力和美好的感受力。

一般人，讀書、寫字或說話等，都只是使用左腦功能，因而右腦常備而少用，十分可惜。王老師又說：「常用右腦就可發揮我們的「五力」就是：**「創造力、思考力、美感力、觀察力、記憶力等。」**今後我們要多運用右腦，才可活化右腦細胞，開發右腦的潛能，讓左、右腦相輔相成，平衡發展，以發揮運用全腦，更驚人的效益。有人研究發現說：**「科學家愛因斯坦，若是沒有把小提琴拉得那麼好，他的成就決不會那麼高。」**可見同時運用左、右腦的巨大效益，今後更要多加使用才好。

自從多次跟隨王老師，到戶外郊野去體驗大自然後，發現山間的樹林會散發芬多精、新鮮氧氣，溪澗、瀑布更會釋放出陰離子等，人們吸收後就可令人提神醒腦，放鬆身心，紓解壓力等，而且也是充分運用右腦發揮五感的功用。所以，我假日我就常常帶領家人，一起去戶外郊遊或爬山，以享受大自然豐富的恩賜。

5. 反思覺察受益多多

最近，我終於發現了我自己頭腦的秘密了，原來我喜歡觀賞植物，所以在家中種植不少花草、樹木。每當做完家事，或打電腦、寫文章累了，我就會去拈花惹草一番，澆水、修枝、施肥等，或欣賞它成長、茁壯的樣貌，或觀看花苞、花樣的嬌麗長樣等。

原來這些活動，都是在運用右腦，激發右腦潛能，難怪好朋友常說，我的創意點子特別多，像教養兒女、做菜食譜、家庭管理等，都有別出心裁做法，甚至在寫作構想、內容創新、新書命名等，都有獨到創意和清新的風格。

還有，我也喜歡唱歌、聽音樂、喜愛繪畫、看美麗風景或圖畫等，凡是跟美景、美麗、美食、美容、美妙感受等有關的事物，我都很喜愛去接觸。原來這也是在開發右腦，而且越用越靈光。就像地下的泉水一樣，你越淘泉水就湧出越多，如此，我又獲得一份覺悟後的欣喜感。

我現在已經領會到，人生的一輩子，都在不斷地發現自己，也是不停地在認識自己，才能發現和開發自己的潛能；就像挖掘藏在地底深層的寶礦一樣，透過多方學習、自我探索、覺察整合等過程；都是在清除寶山上層的雜草、亂石、雜物等，而你向下越挖越深層，最後才能發現，藏在最底層的金脈或寶礦等，那就是最珍貴的智慧和才能了。

所以，我想每個人，都要活到老，學到老，發現到老，才能快樂到老。

有人說：只要不斷學習新事物，你就不覺得自己變老了。

我也說：只要不停地發現自己，不斷地領悟事理，你就會越活越起勁，越活越有趣，更感覺越來越年輕耶！

學悟行中　開發潛能

創意無限　豐富人生

（十四）改變的起點

曾經有很多人問過我：你怎麼這麼熱衷學習新事物啊？很像好奇寶寶一樣，喜歡到處走走、看看、又愛問東又問西，還會隨時抄寫名句，或忙著作筆記，…。

我最近爲了寫這本自傳，就努力回憶過去的成長歷程，也認眞思考原因，爲何會有這個積習已久的喜好？但是因時間久遠，許多事情已經記不太清了。現在仔細回想，我可能是曾經嘗過許多學習的樂趣或益處吧！其中有幾件事印象較深刻，現在就以跳躍式的方法，從浮光掠影中，來分享吧！

1. 記得當時年紀小

還記得念彰化縣溪州鄉成功村的「成功國小」時，曾有魔術師到學校表演，他很巧妙地從一頂黑絨的高帽子內，輕易就變出雞蛋或飛出鴿子等魔法，讓我們看得目瞪口呆，旣驚叫又讚嘆不已；當他每次要變出東西時，就高舉起右手，先在空中比劃幾下優美姿勢，並喃喃念著咒語說：**「萬、吐、速立！」**當時覺得很神奇，但是，我一直到初中念英語課時，才知道那三個字原來就是英語的「**one、 two、 three**」三個字啦。眞有毛塞頓開的狂喜呢！

初中時，有一次和幾個女同學，一齊騎腳踏車，到鄰近埤頭鄉「路口厝」村，是去一位同學家玩，她媽媽是開西藥房的藥劑師，她媽媽很熱情地招待我們這些，正値青春期的女生，談話中，她曾提醒大家說：**「女生在『大姨媽』來的期間，不可吃冰及洗冷水澡。」**我因此體會到聽長輩說經驗，是很寶貴又實用的益處。

那時候，學校每個學生都有發給「中學生」月刊，我很喜歡閱讀裡面的文章，我到現在還記得其中一首「離情」的現代詩：

雨涔涔淚淒淒，身雖別心難離；

綿綿往事勿忘記；珍重再見莫唏噓。

此後，我就時常喜歡抄錄一些詩詞。

2. 恩師啟發感謝多

更必須一提的是，當時有一位教國文的陳武昭老師，她每次上正課前，都會先教我們一些古詩詞，像長恨歌、琵琶行等，而且要我們背誦起來，常常還會抽考。這些種種機緣，都啟發了我對文學的興趣。

我念「**北斗高中**」時，護理課老師會教大家說：「女生上廁所，每次上大號後，擦拭屁股時，是要由前面往後面擦過去才正確，女性的生殖器官才不會受細菌感染。」

還記得高中念英語的「實驗高級英文法」時，其中有一句：

變化是人生的香料。

我一直都牢記，並隨時在實踐中，後來我自己還衍生出：

計畫趕不上變化，變化趕不上媽媽、老師或老闆的一句話。

這個理念一直到婚後，還影響到我先生和孩子們呢！

3. 處處學習時時樂

民國五十幾年，我念師大時，有一次在房東家看電視，聽到第一屆中國小姐林靜宜的訪談中，才知道：「女生化裝擦粉膏時，要先把左、右臉頰及各處要擦的分量，先個別分配好，接著才慢慢塗抹開來，這樣臉上粉妝，才會均勻好看。」**這是我第一**

次學習到化妝的技巧，當時覺得很實用。

我在國、高中時，讀書都很用功，成績也很好，可能因此也養成愛讀書的習慣；大學時，我常泡在學校的圖書館，看了很多文學或各類雜書，獲益很多；這些種種因素，都爲我紮下愛讀書的種子吧！

也許，歷經這些學習的良好經驗後，我就很喜歡隨時隨地或隨緣，跟人交談吸收別人經驗，也抄錄一些名言、警句或短文等；或把較長的的文章，就收集剪貼成冊，一直到現在已屆古稀之齡了，還熱衷這項活動。類似這些實用或有趣的知識，對我的人生旅程，都有很大的啟發和助益。

4. 就愛我學故我在

尤其在我辭去高中教職，回家當全職媽媽後，以及後來到全身巡迴演講的期間，都有更多自己的時間和機會，去滿足我喜愛的嗜好，我現在就隨手抄錄其中數十則，跟大家分享。這些名言佳句，都是我喜歡、欣賞、認同、期望或是我的夢想。

※學習沒有終點，只有驚嘆號。學習是一種覺察、領悟、體會、發現、甚至能夠有所啟發、創造等。

—慕凡心得。

※擁有尊貴的門牌—號碼，勝過擁有昂貴的名牌—包包。

—房產會增值，包包會折舊。這是路邊發送的賣房屋的DM說詞。

※愛是麵包的靈糧 麵包是愛的乾糧。

—台中大坑九號步道，賣麵包的攤販看板寫的，我好奇地跟他購買，爲了當場請他解說意義。

※卡好額嘛吃三頓，嘛睏一頂床—台語。

—老人家你要自己會走、會跑，能自由出來做事，還是要躺在床上讓人餵，或坐在輪椅被人推，這都是自己選擇的命。

這些珍貴的話，是我去南投縣埔里鎮旅遊投宿時，大清早從飯店出來逛逛，看到市場旁，賣自己種青菜的阿惜阿嬤跟我說的。她當時已89歲，身體還很健康。我好奇地跟她買菜，再跟她聊聊生活感想。

※千萬豪宅一張床，百萬富翁三頓飯。

—電視「床」的廣告。

※人類因夢想而偉大，沒有吃飯也不會長大。

—嘉義縣168縣道，位在朴子國小對面的小吃店招牌寫的。

※縮小自己 輕聲細語。

—這是花蓮「七星壇」海邊的小藝品店，在一面木頭上的刻字。

※台灣俚語：汲水汲水頭，聽話聽尾聲。

—2015年9月18日，我去小學接兩位外孫放學，並帶去用晚餐時，在北市天母「雲南小吃店」，湊巧從牆上的日曆上抄下的，後來乾脆徵詢老闆娘同意，撕下一疊已過期的日曆紙，一一剪下名言來，以便帶回家整理，孫女們還熱心地幫忙呢！

※我今天出門後，一 定會遇到我討厭或不喜歡的人，我要保持鎮靜、不要生氣。

—我先生分享給我的話。那是德國「鐵血首相」俾斯麥說的。

※人生不如意者十常八九，所以要常想一二。

—台積電董事長張忠謀的名言。

※開疆闢土眞英雄，勾心鬥角非好漢。

—在包大姊住處南昌路的「中正大觀」交誼廳，等候讀書會成員到齊時，在閱覽區的書架上，選看「企業家郭台銘語錄」一書，把名句全部讀一遍，並抄錄很多佳句。

※每一天，我都希望好好地做自己，選擇快樂。

快樂不是一 種性格，而是一種能力。笑看風雲淡，坐看雲起時，不爭就是慈悲，不辯就是智慧，不聞就是清淨，不看就是自在，原諒就是解脫，知足就是放下。她說，這樣的自己，才能散發正能量，給予自己也給予大家。

—第一名模林志玲說的，我重複看電視和網路好幾次才抄齊。這是她對誹謗她的人，所做的回應。很值得學習喔！

※是非終日有，不聽自然無。

—這是我爸爸常說的話，很多年後，我在基隆「中正公園」觀音佛像旁，廳堂內的門板上看到，接下去後面還有好幾句，署名竟是「宋承相文天祥 書」。

※蘇格拉底說：人生的快樂和歡笑，都來自於奮鬥，尤其是有理想的奮鬥。

—摩斯漢堡店，門前擺的小看板。我也是抱持這種想法。

※如果這世界完好，一點問題都沒有，我們不就無事可做了。

—幽默劇作家蕭伯納名言。我先生公司的外籍顧問也會這樣說。

※相逢何須忙歸去 明日黃花蝶也愁。

—民初豐子愷畫家作品的題字，是我家二哥、二嫂轉告我的。

他們還拿出書中那張漫畫給我看呢！

※死亡和繳稅，人都無法逃避。

—新北市坪林區「藍山寺」旁的小吃店，等候上菜用餐前，驚喜地從牆面掛的日曆上抄下許多名句，這只是其一。山友們一直催我快來吃飯，我卻只顧猛抄呢！吃飯天天有，佳句卻此地僅有！

※人情留一線，日後好相見。不怕少年苦，只怕老來窮。

—得自台中觀音山玉佛寺印贈的「正氣之道」海報。原來是出自漢太守朱買臣撰述，內容共有44句，如獲至寶。

※沒閒好過日，太閒會破病－台語

—花蓮市「綜合市場」旁的早餐店，幫忙備料的老太太說的。那一頓飯，三個人花掉兩百多塊錢，但能意外聽到這句珍貴的話，還是蠻值得啦！

※盡自己最大能力做到最好，就是英雄。

—我應邀到「南投縣立北投國小」演講，在周百崑校長接待我的校長室看到的匾額。我盛讚他對「英雄」的另類高明見解。

※女人最重要的是要學會做你自己。

—吳爾芙，英國人，提倡女性主義先鋒。

※一個人，走得快；一群人，走得遠。

—上面這兩個標語都是在北市和平東路「龍山國中」大門左側外牆上先、後抄的，我坐74路公車，經過看了很多次，後來才發現，是隔壁一家賣女性用品店的廣告啦！

※百善笑爲先，健康在嘴邊。

—「愛笑瑜伽」口號。

※醫生的一個微笑，勝過病人吃一百顆藥。

—當我轉告長庚醫院葉X洲副院長時，他大笑說：「很讚！」，並且向隨從的實習醫生說：「趕快記錄下來！」

※寧可微笑生皺紋，莫因嚴肅而蒼老。

—保險員陳先生名片上的話。

※旅遊是變換環境，改變心境；找回自我，創新自我。

—我出國旅遊時，也依行程做筆記，兒女帶我跟先生赴日自助旅行所記的內容，回國後寫成一篇心得，刊登在「人間福報」旅遊版，全版只登載我一人寫的遊記喔！

※千峰千世尊 千樹千觀音

千江印一月 千點起一心

我佛無不在 何必入山深

—民國82年4月，我跟外子赴日遊玩，在中正機場免稅店畫廊的外牆上，展示的字畫中，秒殺中快筆抄下的這首詩，運用在我對父母親演講的「親職教育」中，很恰當耶，因爲家就是最好的修道場。

※凡事愼其始，才能善其終：

留心你的思想，因爲思想可以變成言語。

留心你的言語，因爲言語可以變成行動。

留心你的行動，因爲行動可以變成習慣。

留心你的習慣，因爲習慣可以變成性格。

留心你的性格，因爲性格可以變成命運。

民國八十年歲次辛未重春 裕修居士書

—這是2007/8/24，我跟二哥、二嫂去木柵郊遊，在「樟山寺」內一處，發現此佳句，如遇老友般歡喜，立刻取出隨身小冊子抄寫起來，二哥見我在寺內逗留稍久，跑過來好奇地問：「你在抄什麼啊？」我笑答：「我正在賺五百塊錢啦！」二哥聽後，笑笑走開了，他早知道我有此愛抄文句嗜好。

隨後我跟他們解釋：我曾多次補習，上過一系列「人生哲學」課程，是由台大教授傅佩榮老師教的，他課堂中曾說過類似這樣的話，但這裡寫得更簡易好記，五百塊是指上一堂課的收費啦！博君一下嘛！

※「會厭軟骨」是什麼？

—我常透過各種管道獲取求知資源，例如曾拜託大女兒去北醫問林松洲教授，「為何飯前不要吃香蕉」；託小女兒去台大問丁庭宇及孫中興教授，有關社會學的問題；請兒子去長庚醫院請教陳進興醫師，有關大腸癌的疑問等。我曾去看病時，還問過新陳代謝科或耳鼻喉科醫師，有關「會厭軟骨」—俗稱[氣管蓋」或[喉咽管」的運作知識。現在終於瞭解並學會吞嚥的要訣了。

※銀行內也可學習

尋找「自慢」絕活：自慢是指個人一種獨有的技術、能力、嗜好等，是要有心的培育、學習、鑽研的成果。每個人都應該自我檢討一下，我有超乎常人，讓自己自信、自豪，永遠可依賴的自慢絕活嗎?

—這是一篇寫日本人提倡的短文，登在商x周刊，2006年6月，我在大X 銀行的內湖分行內，等候叫號時，隨手翻看書架上的雜誌，我讀了兩、三遍，覺得應該影印保留，問行員可否幫忙一下，替我辦事的謝x英小姐說，影印機剛好壞掉，我便拜託她改天幫我印好，再寄給我。不久，我果然收到謝小姐的「限時專送」，真是太感恩了，趕忙致電道謝一番。我更是如獲至寶般喜悅。

※電梯內有教室：

—距今約十多年前，我母親以91高齡，因生病住進彰化基督教醫院，陪伴期間，每次進出電梯間時，就趕緊閱讀院方在牆上貼的A4短文，都十分鼓勵人心。碰到不太趕時間時，我還會跟著電梯上下多逗留幾次，才能讀完一篇或抄好筆記。例如有一篇是，講一個有學問的老人，利用下棋時，故意挫折對方的驕傲銳氣，那人就是正要出征平定外患的，清代名將左宗棠。

有一篇內容，是講一張一千元紙鈔，在地上被亂踩成一團紙，但並無損它的價值；這些小故事都很有啟發功效。回台北後，我還寫信去「社福部」索取更多，真感謝院方隨機教育，及對病患家屬貼心的服務。

※地獄在人間 ，人間有天堂 ；問君何處去， 但憑一念間。

—102.10.10.我跟隨大女兒的「台灣牙醫植體醫學會」，到新北市金山，參觀朱銘美術館展出「人間系列」抄的。

※生是偶然，老是自然，病是突然，死是必然，處之泰然，順其自然。

—岡山護濟寺傳單。

※希望「人生是一個驚嘆號！」

—吳念真導演說的。

※家傳身教很重要

—對了，我差一點忘了說出很重要的一件事，就是我爸爸年輕時上班，抽空看書報時，就有抄寫筆記的習慣，他自從公職退休後，就很喜歡去圖書館，看書報雜誌，並做條列式的摘要筆記，有養生、處世、名言等各類。是用寫信的十行紙抄寫的，後來還裝訂成冊，首頁寫上「林仁傑參考書」，署名：「林仁傑專用」。

我爸爸86歲意外往生後，做「百日」紀念法會時，我事先影印6份，並裝訂成冊，分送給其他6位兄、姊和妹妹們，這是爸爸給我們最珍貴的遺產。

我兩位女兒高中讀台北市「北一女」時，美術課老師規定一學期要看幾次畫展，每次看過回家時，都會送給我現場摘錄的題畫詩，或書法佳句，這些都可見家庭中身教的深遠影響。正是所謂「**孩子是看著父母的背影長大的**」。

好了，我就到此打住，許多年來，我已收錄幾十箱筆記的小冊，等我將來環遊世界回來，若有好機緣，再分類編排成書，書名可叫：「慕凡日知錄」，再跟大家分享啦！

學習是改變的起點　有新舊可以比優劣

讓你改善改進改變　擁有全新的自我耶

（十五）補習萬萬歲

所謂補習，就是在正規教育體制外的補助學習，想要學習自己不會、不足的，知識、技能或才藝等。

當年我搬家到台北市時，剛好辭去教職，改做全職媽媽和主婦，在正職「家管」之空檔，就在家中研讀教養孩子的專書，或看報章、雜誌等的家庭或婦女版，以吸收新知；孩子上小學以後，我就找出整段的時間，走出家門，積極又勤快地補習去了。除了參加單場的演講會、研習會或才藝班外，更有系列性的成長班。現就談談幾個印象最深刻的事例吧！

1. 營養知識超重要

民國六十幾年，那時的「消費者文教基金會」，在台大農學院禮堂，舉辦三場「營養列車」講座，每場收費新台幣200塊錢，在當時算是蠻高的。

有一場是由榮民總醫院的營養組長張樂綺女士主講，有關營養的知識，內容十分實用。

我第一次知道，礦物質中的鈣質，可鎮定神經、消除緊張或壓力等；鐵質可增進記憶力、忍耐力和學習能力，對學生讀書都很有幫助，這是家長能應用烹調飲食的營養，來幫助孩子功課更進步的地方。

她也舉出那些食物含量最多；我如獲至寶，回家就多煮那些食物，給學齡中的兒女吃，果然學業進步很多，效益很快就看得見了。

由於她的啟發功效，我就開始對營養知識的重視，並繼續努力精進和研習，我曾在我家附近的「行天宮圖書館總館」，泡了好幾個月，專攻閱讀營養書籍，還包括翻譯的日、美書本，更抄寫很多營養食譜筆記，獲益眞多喔！

多年後，我在從事「親職教育」演講時，講到營養保健，還跟家長提出「**營養滿分**」的口號呢！要家長重視均衡又足夠的營養。並曾經在民生報上寫過「考生營養食譜」。在我撰寫的「聯考獲勝絕招」一書中，更寫了一百多種簡要的考生營養食譜實例，特別指出該食物所含的營養成份，對考生特別有助益的功效，家長都認爲很實用。

張組長的那一場演講，眞讓我獲益多多，它所引發的後續效益，更是難以估算的！

2. 名師指導進步快

我曾參加過很多期由「中國青年寫作協會」主辦的文藝寫作班，有散文、小說、戲劇班，網羅國內各大作家來授課，並要繳交課後習作，我都準時交稿給老師批改，因此，寫作功力大增。由於我表現優異，結業典禮時，曾代表全班領取結業證書之殊榮呢！

記得是民國八十幾年，我參加由教育部主辦，委由「國語日報」協辦的「婦女成長學苑」，每周三早上上課三小時，長達一年之久，是邀請各行名家來講授不同主題；記得印象很深的，有台北醫學院教授謝明哲，他說：

花生的外皮那層薄膜，富含維生素B群，不要剝除丟棄。

當時擔任師大教授，王淑俐老師曾說：

夫妻離婚時，常說的理由是：個性不合。什麼不合？只要看誰願意配合誰，不就可合了嗎？

那時我已當「親職教育」講師，有時早上當學生，下午或晚上就當老師，身分、角色不同，常需變臉和變裝，這也是很特殊的體驗。

3. 拜師學藝練口才

我因演講場次變多了，講話時喉嚨，有時就會因太疲累而沙啞，於是我把握機緣，參加「口才訓練班」，由劉氏兄弟共同主持，是一對一個別教授，一次指導兩小時，學費是五千元，一期共5次，我也勇敢花大錢，投資自己下去啦！卻讓我終生受惠不盡呢！我因此學會「丹田發聲法」讓我演講時，聲音變得柔美、渾厚，演講比較輕鬆，不必用喉嚨硬聲用力吼叫，因而外表面相，就能保持年輕，不易變得蒼老、憔悴了。

4. 隨時進修益處多

其他參加單場或短期性的演講會或座談會，更是不計其數，像早期的台視文化廣場、華視演講廳、張老師主辦的專題講座等，我都是座上賓。

最記得有一年冬天，在周六下午的「台視文化廣場」，我是冒著下大風雨，穿雨衣去聽講的，那是由師大教授洪冬桂和洪有義兩人主講，內容是有關青少年問題。我獲益很多，那時我的大女兒才上小學中年級而已。

我也是在華視辦的演講會，首次聽師大一位體育系教授，講授運動的重要性；我才知道，人體在做運動時，因呼吸比較急促，就會加快喘氣，因此大腦會輕微缺氧，無法思考問題，就可讓頭腦休息、放鬆、忘記煩惱等。

此後，假日時，我就會帶家人去郊遊、爬山，調劑緊張的生活；竟也培養了孩子們愛運動的好習慣了。這也是我自己受益外，後經我繼續研習精進，我後來在演講時，就喊出「**運動一百**」的口號了。

5. 超前部署成效優

我首次聽到國三升學考試的講題，是在北市「耕莘文教院」禮堂舉辦的講座，那次因臨時匆忙趕去，未帶紙筆，就跟鄰座借用一枝筆，並應用我手拿的A3牛皮紙信封袋，來寫筆記，正反面抄不夠，還撕開信封，裡外共寫了滿滿4面。眞是收益多多。那時候，我大女兒才念小六，我未雨綢繆，可說是超前部署啦！

那次講師說的許多要點和建議，又加上我隨後的努力鑽研，我不僅運用在孩子身上，幫助他們高中都考上台北市最優的建中、北一女，後來還造就我被尊稱爲「助考專家」呢！

6. 人生哲學必修課

台灣大學哲學系教授傅佩榮，主講的「人生哲學」講座，一期八堂課，收費3200元，我至今還保留繳費收據和筆記本，我獲益良多。後來又參加傅教授在一個基金會，所舉辦的一系列的進階課程，我是利用新年一般公司贈送的，A4大的工作日誌本，筆記寫了十來本，更擁有整套的錄音帶呢！

我最記得他有一篇「追求成長的動力」文中說：

我們要把握最好的時間點，訂下努力成長的動力，開始做發憤圖強的起點，例如剛開學時、搬新家時、要就業時、剛結婚時，…。

現在，我想再添加一個「**生重病後**」，那是我親身經歷的體驗和領悟得來的。

傅教授還有一句話：**一個人，若是內心懷有一份要達成的，遠大的目標或夢想，他就能忍受目前所遭遇到的一切苦難。**

他的這段話，影響我很深遠，每當我寫作遇到瓶頸時，曾想就此停筆放棄時，就會想起他說的話，來爲自己激勵、加油一番，就能重新再點燃創作的火苗了。

其他單場的，更是不計其數，許多跟我同行的名家的演講，我也會去聆聽，我都懷著歸零的空杯心態去學習的。像「泰山文教基金會」舉辦的演講會，起初我是死忠聽衆，後來也變成講師了，有好幾年，我曾是基金會的台柱，更是聽衆滿座的保證呢！

我也參加過溝通專家黑幼龍老師多次、多場的演講會，記得有一年，因講題不同，我還從台北辦的場次，再追到桃園場、彰化場去聽講呢！

我在台北市的大安國中「快樂父母成長班」到現在107年已參加過40多期了。每學年有兩期，算來已超過20年了。其間經歷了5位校長，計有高堂忠「民國84年起」，趙吉林「民國86年起」，陳維潔「民國90年起」，林美霞「民國98年起」，洪錫睿「102年起至今」。

曾有一位熟識的輔導主任，笑著跟我說：

林老師，你已經歷過五朝校長，是元老級的資深學生啦！好佩服你的學習精神喔！

我上課時，從不遲到，也不會早退，而且選坐在前面，也很專心聆聽內容，並努力做筆記。常常在中場休息時，有些家長還會來借我的筆記去抄寫呢！

有一次邀請一位黃諮商師來講課，講題是：

「壓力病之一：精神官能症」。他先舉例說，大文豪歐陽修，可能也曾罹患這種現代說的「憂鬱症」，他在講義上，有引用歐陽修說的話當例證：

予常有幽憂之疾，退而閒居，不能治也。既而學琴，受宮聲數引，久而樂之，不知疾之在其體也。

老師解釋，這種疾病自古就有案例，而這位大文豪能運用彈琴奏樂，演練一項技能，專注學習，轉移注意力，並移情悅性一番。這也是自我療癒的一種方法。

接著，老師隨口問學員：「**有誰知道歐陽修是什麼朝代的**

人嗎？他有甚麼著名的文章或名句嗎？」我看家長都低著頭，沉默不語，老師再問第三次後，也還沒人回答，爲了幫講師打破尷尬場面，我只好回應他一下，我就舉手回答說：

我知道，歐陽修是北宋時代的人，他有寫一篇很著名的「秋聲賦」。

老師說：**答對了！再請問你，那裡面有什麼很有名句子嗎？**

我馬上答：**有！「百憂感其心，萬事勞其神。」我是爲配合講題只說出這兩句。**

老師就說：**這位學員，說的對！很有知識喔！大家給她拍拍手！**

老師接著說：就像我們現在看網路、手機、臉書或電視等，都可看到世界各地發生的新聞，因爲知道的資訊太複雜，憂慮或煩惱的事也跟著變多了，就常會干擾或影響我們的心情，這也會造成一種壓力來源。

我平時上課，都只是認眞聽課的學生，更不會跟講師抬槓或踢館的。這次配合老師的問話，是唯一例外的事吧！

我一直深深記得，台大心理系教授黃光國，他在演講「積極自我的提昇」中說的：

要想在某一行出人頭地，必先成爲這一行的專家！

這句話對我影響極爲深遠。

今年開始，我已爲自己邁入「銀髮族」行列而學習，我參加了「**台北市立大學USR計畫**」中，長期推動的「**活躍老化運動**

學院」，一系列十二堂的「**點亮都會健康樂齡活力**」課程，內容包括訓練肌力、肌耐力、柔軟度、心肺耐力、身體組成，以及平衡、協調、敏捷度等；另一種課是「**聰明老化講座**」，是聽專家演講有關預防失智症、樂齡生涯規劃等保健知識，一系列也是十二次；後來，其中有一次，我還獲邀擔任授課的講師喔！

至於才藝或娛樂方面，我也參加不少班，像插花、畫畫、烹飪、歌唱、瑜珈、太極拳、讚美操、元極舞等課程。也都充滿樂趣和收穫喔！尤其是「愛笑瑜伽」的社團，我已參加了十五年，還是創立協會的元老會員之一，也曾擔任常務理事或常務監事呢！

今後我還會繼續補習下去，補習！補習！我愛你！補習萬萬歲！

補習求知樂趣多　自主選修隨你來

跟隨時代進步走　終身學習我最愛

四、教養兒女篇

(一)媽媽樂之歌

我想藉用幾首歌曲的名稱，當作此文中的小標題，記錄我初爲人母，養育幼兒的歷程，分享我滿滿的歡喜親情。

媽媽！我好高興喔！今天晚上就要穿漂亮的白洋裝、白皮鞋嘍！

媽媽！你要記得幫我在胸前戴上，那朵學校發給的大紅花喔！

媽媽！我們早點去，你要坐前排，才能看清楚我在畢業唷！…。

大女兒在她幼稚園畢業典禮那天，就這樣，隔一會兒就在耳邊叮嚀幾句、呢喃一番，眉宇間流露出十分雀躍的神采，使得我整天也跟著她，開心地歡喜起來了。

1.當我們同在一起

傍晚，我倆打扮得漂漂亮亮後，母女就手牽手興沖沖地出發了，禮堂裡來賓還很少。女兒立刻加入小朋友玩耍行列裡，我則挑個好位置坐了下來，心思就像時光隧道一般，立刻就回到從前了。

前兩天我送她一本照相簿當畢業禮物。打從出娘胎至今，給她拍了不少生活照，是該給她自立門戶做個專集了。她拿起一疊疊相片，先一張張欣賞，再依序放進相簿裡；有些嬰兒時的照片，連她自己都認不得了，就頻頻問我：

哇！這個小不點眞的是我啊！那時是幾個月大呢？

嘿！這個胖娃娃眞是我嗎？好可愛！讓我親她一下吧！

女兒在一連串驚喜中，欣賞著往日的蹤影；我陪在她身旁，許多深刻的往事，也像跳接的電影鏡頭，一一重現在眼前了。

2. 天天想你

寶貝！自從媽確知「有喜」的消息後，爸、媽就天天想你了，歡喜盼望你的氛圍，洋溢在每個等待的日子裡。

我們看「孕婦指南」書上說：「**產婦要多做輕鬆運動，對自身和胎兒的健康都有益處。**」因此，你爸早、晚常陪我外出散步，聊天時話題總是離不開你。我們常討論爲你「命名」的要事，並決定遵守「三好」原則，就是要「**好叫、好聽、好寫**」；爲此，我們還參看過當年大專聯考，前幾個名校的放榜名單呢！孩子，僅僅爲你取個好名字，就帶來許多樂趣呢！

有時候爸爸和媽媽也會猜想，你的長相會是什麼模樣，你爸希望你的額頭和嘴巴像他，眼睛、鼻子則遺傳媽媽的好基因；他還說：

這是改良品種後，最優良的新生代！

那年放暑假時，媽不必去學校教課，你爸建議我在家多多補習一番；於是他拼命收集漂亮嬰兒圖片，供我用心仔細欣賞，希望你能長得跟他們一樣可愛。

又買了許多世界名曲的錄音帶，天天播放來聽，以薰陶你的音樂天賦；自然也少不了要看文學名著、名家書畫等，好培養你的文藝氣質。

還有，也蒐集很多笑話書來看，彼此再互相分享笑話，特別是「讀x文摘」中的浮世繪或開懷篇等，希望培養你有幽默又開朗的快樂性格。爸媽的努力，當然是希望從「胎教」中，把你孕育成最完美的孩子啦！

3. 我一見你就笑

孩子！你的來臨，真是帶給全家人無限歡樂；我們母女從醫院出院後，就直接回去奶奶家「坐月子」；那期間，你老奶奶每天一見你就笑，偶爾聽到你嬌啼兩聲，就趕忙笑著抱起說：

我的乖孫兒，我們家已很久，沒有聽過這麼好聽的幼兒聲了，來！阿嬷疼惜你喔！...。

爲了讓你長得快又壯，老奶奶成天燉煮麻油雞、人蔘湯之類的補品，要我整天猛吃、猛喝下肚，好有足夠的奶汁餵飽你。

她說：**豬母肥，豬仔水。**

又說：**一人吃兩人補，媽媽健康孩兒壯！**

等我產假期滿後，我倆體重果然增加了好幾公斤，你奶奶見著白胖的孫女，笑在眼裡，我這個當娘的，可苦在身子裡嘍！原有的衣服件件都不合身，到服飾店重新選購，指著展示架上，模特兒穿的漂亮成衣要試穿，總是換得店員搖頭說：

不好意思，恐怕腰身不合啦！

孩子，爲了你，媽是抱定「衣帶漸緊終不悔」了。

等媽媽銷假回學校上班後，白天只好把你託給保母照顧。爲了你的營養著想，仍捨不得立刻「斷奶」，只好拜託校方排課時，每兩節課就空下一堂，好讓我趕回家授乳。

每天總要來回多跑一、兩趟路，起初很不習慣，而且十分疲累；不過，每次哺乳時，看見你紅嘟嘟的笑臉，撫摸著你一天天茁壯的嬌軀，一切的辛勞，立刻都化成滿足的笑容了。

4. 我要爲你歌唱

你三、四個月大時，不知怎麼搞的，每到深夜就開始哭號起來，既沒有生病，也不是肚子餓，尿布又不濕，就是習慣性愛哭一、兩個鐘頭；這時就得抱著你，在屋內來回走動哄你。夜深人靜，有時你還猛哭不停，媽常被你弄得心慌意亂，不由得也跟著你抽泣起來。

後來你爸偶然發現唱歌給聽，你就安靜下來了，稍停一下子，你又哭了起來；因此爲了安撫你，只得一首接一首地唱，兒歌、校歌、小夜曲統統來，甚至軍歌、進行曲也出籠，最後連國歌也派上用場了；唱到口乾舌燥了，才輪我接手上陣；你爸曾幽默地說：

想不到要等當了老爸後，才發覺我的歌聲，竟能令人感動得肅然起敬「靜」啊！

我們看著你漸漸長大，就適時教你學說話、練唱歌。教你認識臉上各部位時，你將「嘴巴」常說成「巴巴」，有幾次還笑嘻嘻地指著自己的嘴巴，對你爸說：「爸爸，你在這裡，這裡是巴巴！」我們常被這類美麗的錯誤，逗得哈哈大笑呢！

第一首教你唱的歌是：

花園裡的洋娃娃　作詞：周伯陽 作曲：蘇春濤

妹妹背著洋娃娃　走到花園來看花

娃娃哭了叫媽媽　花上蝴蝶笑哈哈

四句歌詞，你兩天就學會唱了。雖然唱歌只是說話的延伸，但要兼顧節奏和旋律也不太容易，而你卻輕易地向前跨進一大步，怎不教爲娘的感到沾沾自喜呢！

那陣子你學童謠，我倆常一塊兒又唱又跳的，你爸說我是

「童心未泯」的大孩子；其實，他才是「返老還童」的老小子呢！每回我們演唱時，他就在一旁看得笑嘻嘻，還一直鼓掌、叫好呢！

有好長一段時間，爸媽常努力回憶從前許多兒歌，以便好好教你，孩子！是你喚醒我們許多童年往事，而你更是爸媽兒時的「影子」和幼年的「翻版」啊！

5. 只要我長大

上幼稚園後，認識了文字和數字，又給你開啓了一個新奇、寬廣的世界。我還深深地記得，當媽抱著你坐在我的膝蓋上，環握住你的小手，教你寫會自己姓名時，你那雀躍萬分的可愛模樣兒呢！

自從你學會了注音和一些國字後，見了會的字就指認出來，不知道的就問我，然後加上注音，於是隨手可得的廣告單、商店招牌、電視字幕等，都變成了你現成的讀本了。

最記得那一次，我們坐在公車上，你驚奇地指著窗外一個招牌說：**媽媽！你看，那裏有賣「大同電扇冰」，好棒喔！打開電扇有涼風吹，張口又有冰吃，好舒服唷！**

我眞佩服你豐富的想像力，實在不忍心給你揭開眞相呢！原來是賣電器產品的店家，招牌「冰」下面的「箱」字，被其他的物品給擋住，才看不見啦！

學會了阿拉伯數字，也給你帶來許多樂趣；家中保險櫃的對號鎖，對你不再保險了；學會了看時鐘，再也不會錯過電視上，卡通播出的時間了。爲了讓你學以致用，媽也常找你代勞，坐計程車看錶上車資，坐公車看是幾路的車來了，你也常替媽跑腿，到樓下的「新開店」買東西，你至今還不曾買錯東西或找錯錢呢！

這個店也是你最先取名的，我們家人就一直沿用呢！

6. 甜蜜的家庭

記得今年你爸爸生日前一天，我倆去選訂蛋糕，路上我隨口問你：**要不要送張賀卡給爸爸呢？**

你很自信地說：**好啊！但是我要自己做的才漂亮，我不要用買的。**

於是回家後，你就立刻畫畫、寫寫地忙個不停，做好了就向我要郵票和信封，我告訴你：

今天寄出的信，明天可能還會收不到耶！

我把握機會教育，向你說明郵件處理的流程。

你聽了就說：**那給我用過的舊郵票好了。**

我揣想你大概是爲求逼眞，只要把它貼在信封上而已吧！過不久，我經過你書桌旁，卻發現那封信不見了，忙問你原因？

你笑著說：**拿去寄啦！**

我著急地問：**你丟進郵筒了？那舊郵票是不可以再用的啊！**

你得意地說：**放心啦！我是自己當郵差，把信送進我們家樓下信箱啦！**

傍晚你爸爸回家，收到你的賀卡，高興地抱起你，猛親著說：

我的寶貝女兒，好聰明喔！爸爸長這麼大，就是這次過生日最快樂了！嘻嘻…！

「嗶—！嗶嗶——！」園長集合的哨音響起了，也把我從陶醉的回憶中，喚回到現實來了。

我親愛的寶貝！你們畢業典禮就要開始了；我看見你們正在

步入禮堂，每位畢業生手中，都高舉著一支小小燭火，媽媽遠遠就望見你微笑著，帶頭領著那支亮麗的隊伍，緩步地走進來了，…。

孩子！媽媽多麼願意像是你手中，那支燃燒的蠟燭，不斷地發出光亮和熱能，照亮了你的前程，也溫暖了我自己的心窩啊！

孩子！媽媽是多麼的疼愛你，有你真好！因你而樂啊！

有一首歌，我很喜歡把你摟在懷裡一起唱，那是：

愛的路上千萬里 作詞：孫儀 作曲：劉家昌

愛的路千萬里　我們要走過去

不徬徨不猶豫　我和你在一起

高山在雲霧裡　也要勇敢地爬過去

大海上暴風雨　只要不灰心不失意

有困難我們彼此要鼓勵　有快樂要珍惜

使人生變得分外美麗　愛的路上只有我和你

有子萬事足　有女更幸福

齊唱天倫歌　人生更豐富

（二）親子同樂金不換

1. 媽媽要當孩子王

我的三個孩子都是學齡前的兒童，我這個媽媽就要充當孩子王，時常要帶領他們從事遊玩活動；例如清晨醒來，一看好天氣，趕緊叫醒孩子們，簡單漱洗、喝杯牛奶，換裝後就出發了。小公園裡空氣好清新，滑梯、鞦韆正等候在那兒，大夥兒興奮地各投所好，展現身手了。

老么力氣小，見她正在鞦韆上打轉，趕忙使出「搖籃功」，助她一臂之力，很快就歡喜地飛盪起來了；有時翹翹板上，三個小孩同坐一端，另一頭寶座自是爲我留啦！在高掛的單槓下，我常要忙著抱上或抱下，像磨練舉重體操呢！如此玩耍一番，直到興盡而返。這時早餐桌上，準會見到一幅狼吞虎嚥的饞像的。

2. 玩出健康和快樂

傍晚，又套上運動服，到另一個大公園；此時場地大，就做些集體活動，一起打球、跳繩、踢毽子都行，或者玩「紅綠燈」、「稻草人」等團體遊戲，隨時可變換新玩法，像球類就可傳、可拍，也可扔、滾、砸等。

孩子們在一連串追、趕、跑、跳、碰的運動中，高聲地吼叫、開懷地爆笑、張大口猛喘……額際一抹，汗水一把，滿臉紅光，眼神發亮，散發出無限的生命活力。

我們也常遠征台北市的青年公園、國父紀念館等地方。寬闊的廣場、草地正好放風箏、丟飛盤，或者玩「土地公」、「老鷹抓小雞」的集體遊戲；茂密的樹叢間，正好是玩「捉迷藏」的好場所，玩累了就躺在草坪上看彩雲、唱歌、說笑話…。天不黑絕不回家，是我們的共同默契！

快樂的童年就是玩！玩！玩！

玩出健壯的身體！玩出活潑、開朗的個性來！

3. 玩出聰明和智慧

室內活動也是隨時、隨地、隨興而玩，土風舞的曲子一放，三個孩子和我立刻湊成兩對舞伴，興奮地跳起舞來。「水舞」、「兔子舞」、「兩小無猜」、「歡天喜地」等都是大夥兒喜愛的舞曲，你伸手，我來拍；我牽手，你旋轉；你對著我笑嘻嘻，我對著你笑哈哈；不必像表演會般正經和拘束，只要在美妙的旋律中，開心地擺動身軀就對了。

有時孩子喜歡隨意跳，我就放些輕快的音樂，讓他們自由創作，扭動身軀一番；我在身旁欣賞，適時給予誇讚和掌聲，孩子們就越跳越起勁了。

唱歌也是一項有趣的娛樂，不管是幼稚園教的，錄音帶、電視上學的歌曲都好，大夥兒齊唱、獨唱、分組唱都行；我們會把拿手的歌曲分別編號，寫在紙條上，隨時抽籤對號點唱；有時一組唱歌，另一組表演，自娛娛人，母子一起玩得好開心耶！

快樂的童年還是玩！玩！玩！

玩出充實而美妙的時光！玩出眞善美的生活來！

4. 自製玩具樂趣多

玩具是小孩子的貼身良伴，買現成的玩膩了，換個口味，自己動手做更新奇呢！先給孩子各備一套色紙、剪刀、蠟筆等文具。色紙妙用無窮，可剪、可摺、可貼更可畫，摺成花朵，是玩「扮家家酒」的好材料；用線串起就變成手鐲、花環可相送；摺成小鳥、飛機在客廳飛來飛去的；造一條五彩大龍船，放進浴缸水裡漂呀！搖呀！看誰的走得快，先到外婆家的人，可得獎唷！

摺成紙球，畫上太空人，吹飽氣升空後，各人使出「彈指神功」或「鐵沙掌」的絕招，讓它在太空中漫遊，可不能讓太空人跌落地上，撞疼了屁股喔！

其他玩具，也是就地取材，俯拾卽可做；請孩子們把蛋殼洗淨擦乾後，再教他們畫上臉譜，就變成可愛的娃娃頭，或者隨意塗抹各種圖案當飾品，充分享受創作的喜悅和成就感。

有次忽見孩子們喝完的「養X多」空瓶，靈機一動，請他們幫忙洗瓶子、找帶子，然後將瓶底鋸掉，再把兩個瓶腰紮靠一塊兒，瓶頸套上配帶，就變成「望眼鏡」了。

孩子們喜孜孜地垂掛胸前，成天拿在眼前東張西望的，透過獨具慧眼，各自展開探索新奇天地。有時給點提示，外加想像，請他們編織一個遠方的故事；例如看見一個纏著白色頭巾的阿拉伯藝人，正吹著魔笛逗弄一條騰空舞動的靈蛇呢！於是童稚的綺思和夢想，盡在歡聲笑語中流轉起來啦！

自製玩具顯神通，做中學習樂融融；

創意想像隨你來，無中生有展事功。

5. 練習做個生活家

好好調理孩子的飲食，吃出健康和體力，也是快樂童年的源泉。買菜時，請孩子們一起去逛市場，跟他們商量買什麼菜，要怎樣吃法，也是皆大歡喜的事；讓孩子摸兩下滑溜溜的活魚，抓一把蹦跳的蝦子，都是一份新奇的體驗；雞籠前分辨公雞和母雞，老闆笑瞇瞇地送給幾根漂亮羽毛，回家就做成了跳「山地舞」帽子的道具嘍！

「來！幫媽媽挑選橘子，要選外皮光亮，沒有污點的才好。」我鼓勵地說，孩子們也樂得當小幫手，認眞的實習當小媽媽呢！

孩子平時喜歡在攤上玩「撈魚」，湊巧有人賣泥鰍，買個十幾條，回家放進大盆子，用廚房的濾杓，讓他們撈進撈出的取樂了大半天；玩膩了再烹調成孔明「草船借箭」的名菜；晚餐桌上，簡單說一段三國時代的「赤壁之戰」，蜀國諸葛亮以智取勝的精彩故事，正是孩子們下飯的好笑料呢！

體驗生活有創意，寓教於樂笑嘻嘻！

帶頭啟發點子王，親子互動享樂趣！

6. 親子同玩樂翻天

有一天在大公園裏，天都快黑了，孩子們還黏著滑梯不肯離開；因爲姊姊剛才發明三人搭肩溜的新玩法，趁著別人都走光了，他們便拼命地玩個夠，溜得滿身大汗、神采飛揚！

「媽媽！好好玩喔！你也來溜溜看嘛！」

「媽媽！好啦！滑梯是水泥做的，你壓不壞的！」

三個孩子又拉又推的要我試試，爲了不掃他們的興，趁著四下無人之際，我爬上梯頂，忽覺心兒蹦蹦跳，耳根也發熱起來，孩子們一再拍手喊加油，我只好壯著膽，閉上雙眼，一屁股滑溜下去，那種痲痲癢癢的熱勁，那份飄飄欲仙的滋味，真叫人開心地忘了我誰是啦！

「媽媽！我們來玩四人搭肩溜！」

「好啦！媽媽當我們的火車頭啦！」

孩子們又笑又叫地鼓掌著

於是乘興和孩子們玩成一團了。

「媽媽好棒喔！」

「媽媽萬歲！」

「火車頭媽媽萬歲！」

孩子們興奮地歡呼起來了。

快樂童年陪伴玩　親子同樂金不換

時人不識余心樂　將謂偷閒學少年

（三）大自然尋寶趣

假日晴朗的午後，正是郊遊的好時光。

「小朋友，我們去爬山，好不好？」

「好啊！媽媽，今天要爬那個山呢？婆婆山？還是鞦韆山？…。」孩子們好奇地問著。於是大家商量好了，便分頭去打點水壺、毛巾、水果點心，有時也帶個裝昆蟲的小罐子，或捕蝶網等器具。

孩子們還是小學生，腳勁有限，爬小山崗只算是郊遊罷了。趁著假日，讓他們拋開書本，遠離3C產品，走出都市水泥叢林，投向大自然的懷抱去了。

1. 郊野寬任君闖

大夥兒漫步在幽靜的山路間，常常歡欣地唱起歌兒：

歡樂頌　作詞：王毓騵　作曲：貝多芬

青天高高　白雲飄飄　太陽當空在微笑

枝頭小鳥　吱吱在叫　魚兒水面任跳躍

花兒盛開　草兒彎腰　好像歡迎客人到

我們心中充滿歡喜　人人快樂又逍遙

隨著輕快的歌聲，很快的就把郊遊的情趣帶動起來了。

有次瞧見路旁一排高大尤加利樹，枝幹間攀纏著藤類植物，又粗又長的藤條從樹梢垂掛下來，我靈機一動：「**這不正是現成的玩具嗎？**」於是我先試著搖擺晃動幾下後，覺得滿堅固牢靠，趕忙喊著：「**小朋友，快來盪鞦韆嘍！**」孩子們喜出望外，雙手緊抓藤條，縮起兩腿，我幫他們輕輕推動一下，身體便像鞦韆般來回擺盪起來了。

孩子們對這種新鮮的玩意兒，眞是愛不釋手，還俏皮地模仿「人猿泰山」的吼叫聲：**「喔伊喔！」「喔伊喔！」**地喊個沒完。個個樂得心花朵朵開呢！此後，大夥兒就把這條風景線取名爲「鞦韆山」了，老大還宣稱此處是他們的「秘密遊樂基地」呢！

2. 探尋花草秘密

「小朋友，大家快來看！這一大片開紫色小花的草，就叫酢漿草；每株草都是三片葉子，偶爾有突變成四葉，便叫幸運草了，我們快找找看吧！」於是孩子們好奇地低頭尋尋覓覓，也把那份新鮮綠意盡收眼底了。

「小朋友，我們來玩鬥小草的遊戲嘍！」

「小草也能當玩具啊！」孩子們圍攏過來瞧我變把戲。

「摘一根酢漿草，把莖部輕輕折斷一截，只保留一條莖絲，然後倒提這根細莖，先握住三片葉子，再跟對手的細莖互相勾住拉扯；誰的細絲先被扯斷，就算輸了；隨後，贏得的人，再繼續接受其他人挑戰。

「注意喔！要以智取，不能靠力拼唷！」我提醒著。

孩子們玩得嘻嘻、哈哈的，好新奇有趣耶；雖然沒有找到幸運草，卻意外嗅到青草香，也算是一份幸運的機緣吧！

「小弟，你往這草叢輕拍兩下吧！」我神祕地說。

「嘿嘿！好奇怪喔！怎麼葉子都閉合起來了，是要睡覺了嗎？」老二驚訝地說。

「不是睡著了，是害羞啦！」小妹說。

「小草是小女生，被你這個臭男生碰兩下，當然害羞、不理你了。」姊姊打趣著說。

「這叫含羞草。」我把握機會教育，乘機解說含羞草的特性，孩子們聽得津津有味呢！

「很有趣吧！大自然的一草一木，都藏有許多奇妙的故事；我們常來爬山，就可以發現許多秘密喔！」我鼓勵著說。

3. 尋寶趣樂開懷

「你們看，這是松果，好大一顆耶！」我說罷，孩子們便在松樹林裡興奮地，揀取可愛的寶物，豐收的喜悅，怎不把松果兜了滿懷呢？

「媽媽，松樹林裏的風兒特別涼快唷！」老么的觀察力一向很強。

「對呀！松樹枝葉茂盛，攔住風兒特別多嘛！你們仔細聽聽！**這一陣一陣的風聲像海上的濤聲一樣好聽，古代人就叫它『松濤』啦！**」於是孩子們紛紛側耳傾聽起來，共享這份美妙的天籟。

拾回的松果，帶回家裡可製成各種飾品；用彩筆繪上臉譜就成玩偶，加上頭尾變成鴕鳥；孩子們視爲珍品，擺放書房，偷閒欣賞、把玩一番，平添許多生活情趣。

「看！我的暗鏢！」說時遲那時快，走前面的姊姊突然中獎了。

「哎唷！好癢喔！媽媽，弟弟搞鬼啦！」老姊叫道。

原來小弟摘一把鬼針草的刺果，往姊姊背上扔去，一根根針刺扎得皮膚癢癢的。姊姊也不甘示弱，追趕著回敬一番，小妹也湊熱鬧加入這場戰局了。

於是一場精彩的好戲開演了，嬉笑、怒罵之聲，不絕於耳，震破了寧靜的山谷；住在市區的兒童，水泥叢林中，銅牆鐵壁的房子，還真沒機會讓他們放開手腳，隨興盡情追逐奔跑，恣意捉狹玩鬧一番呢！野地裡，天寬地闊，只要能尋得開心，放縱一下又何妨？

有時帶著小畫板，找一處風景綺麗的角落，畫畫寫生一番；遠山、近樹、紅花、綠草，仔細的瞧，慢慢的看，還有小鳥、蝴蝶的儷影，螞蟻、昆蟲的模樣，也紛紛躍然紙上。小小的心靈，完全陶醉在大自然美妙的情境裡，此時，已無須計較畫幅的巧拙了。

4. 觀天象寄綺思

盛夏炎日的午後，一陣小雨來得正是時候，孩子們對這份天賜淋浴，個個樂得手舞足蹈。

「**喂，大家看那邊！天上有彩虹哪！好漂亮喔！**」老大指著驚叫起來。

「**對呀！紅、橙、黃、綠、藍、靛、紫，是真的七彩拱橋吔！**」老么忙辨認排列的色帶。

「媽媽，牛郎和織女相會的鵲橋，是不是也搭成這個樣子的？」老二的想像力特別豐富。

「大概是吧！」我附和著說。

有機會觀看天象，童年的綺思夢想，也有了無窮的寄託和想像空間了。

5.快樂心無價寶

有一條山路，路旁有一戶人家，在庭前大樹下搭個攤棚，供應一些爬山用具和點心等；我們每次路過，常在那兒補給些飲料，或順便休息歇個腳。孩子們常常爬上那顆傾斜的樹幹上玩，我則和老婆婆閒話家常，聽她談起一籮筐的山中傳奇，也會關懷她的眼疾治療近況，日久生情誼，已若知己好友了。

那天，她一瞧我們又來了，趕忙入屋內，拿出清香的玉蘭花送我們，又取出自製的冰鎮桑葚汁，請我們解渴，我跟她又歡欣地聊天一陣子，大夥兒頻頻道謝才離去。

歸途中，老么好奇地問我：**媽媽，剛才老婆婆怎麼一直不肯收下你給的錢呢？**

老婆婆說她自家做的東西，是要招待好朋友，不是要賣錢的，你知道嗎？這世界上有許多珍貴的東西，是用錢也買不到的喔！

孩子聽了有點迷惑不解；我趕緊解釋說：「譬如老婆婆疼你，爸、媽愛你，還有像這山中的涼風、清泉，還有，還有像你、我的歌聲、笑聲等，都是沒辦法用錢買得到的耶！」
孩子似懂非懂地點點頭笑了。

孩子年紀還小，一時不太懂這個道理，也沒有關係的，只要先陪伴他們去領會那氣氛，或感受那情境就夠了。

（四）春暉照滿庭

1. 春日風光好

每天清晨，在音樂聲中，輕聲喚醒孩子們；那優美的圓舞曲、進行曲、土風舞曲等，悄悄地飄送入耳，孩子們愉快地起床、梳洗、穿衣，…。藉著輕快的節奏，讓睡意慢慢的消退，意識很快清醒起來；孩子們感受這份「溫柔起床號」，往往會這樣說：

「媽媽！早晨小鳥的叫聲好清亮唷！」

「媽！聽到這首舞曲，好想跳跳舞耶！」

孩子們來到早餐桌旁，常會歡喜地說：

「哇塞！是王家漢堡配果汁，很好，我喜歡！」

「嘿！是媽媽水餃加青菜蛋花湯，還有水果，我最愛！」

「吃過早餐，才能上學。」這是多年來孩子和我的共識。

「媽媽，我要去上學嘍，再見啦！」

「好啊！水壺、運動服都帶了嗎？」我叮嚀著。

「有啊！媽媽，再見啦！」

「再見！早點回來，媽等你喔！」我在門口笑著揮手。

家是個人的城堡，孩子們出門求學，就像是要出征打戰，怎能不為他加好油、打足氣，再歡送一下呢？

2. 春雨潤無聲

營養學家說：**早餐吃得好，午餐吃得飽，晚餐吃得少。**

養生專家說：**早餐吃得像國王，午餐吃得像王子，晚餐吃得**

像平民。

早餐之重要由此可見；然而早餐必須兼顧食慾、速簡、營養。想要胃口好，菜單就得多變化；求速簡則須以簡馭繁、化零爲整的功夫，做成一盤、一碗或一個；營養則要包括醣類、脂肪、蛋白質等，以維持足夠體力和腦力。多年來，我一直在求新求變，雖是一份艱難的挑戰，但每當看見孩子吃得高興，吃出聰明和健康，所有的辛勞，剎時都化成滿足的笑容了。

做爲一個現代的媽媽，不僅僅是張羅吃喝的「煮婦」而已，更須要肩負「營養師」的重任；主婦爲了調配出營養均衡的飲食，必須隨時吸收營養新識；爲求口味變換，更要努力研發新食譜呢！

尤其對正値求學中的青少年，課業繁重，升學壓力又大，主婦更須在三餐供給的食物中，幫助他們增進腦力、體力、加強記憶力、減緩緊張壓力，…。母親揮動看不見的巨手，暗中助他一臂之力，孩子的學習有了好成績，也是皆大歡喜的事啊！

3. 春光住我家

傍晚時分，孩子按門鈴，我笑著接過書包、手提袋，隨口慰勞兩句：

「嘿！熱得滿頭大汗，辛苦啦！」

「哇！打了一天的仗，很累吧！」

「對嘛！媽！你好像我肚裡的蛔蟲喲！怎麼都知道！」

說罷相向大笑起來了。

孩子有時會笑著說：「今天在學校好好玩喔！」

有時卻擺著臭臉說：「今天好生氣耶！」

孩子回來就好，暫且不急著談什麼話，還是先去「洗塵」一番吧！

他們總是習慣地先洗手臉、沖個腳，或換下衣服，洗個舒服的澡，然後到餐廳享用綠豆湯、水果等點心。這時我在廚房做晚飯，接著一場親子間的「爐邊細語」就啓幕了。

「今天在學校有甚麼好玩、好笑的事嗎？」我先開個話頭。

於是孩子把老師講的笑話、同學間的趣聞妙事，一個說得口沫橫飛，一個聽得津津有味；於是在共鳴的笑聲裡、交輝的眼眸中，情感正默默地升溫，親情更融合在一塊兒了。

4. 春無三日陰

碰到不如意的事，孩子們也會細說從頭，和盤托出；像分數的計較、友情的糾結、學習的挫折等。我總是耐心地聽他發洩、抱怨一番，先同理他，接納他；再巧妙地指出問題的癥結，分析是非利害的關係；然後也提供因應之道，或建議解決方法，讓孩子在心悅誠服中化解了「心結」。

努力做孩子的知己、好友，或是同甘共苦的夥伴，這也是現代媽媽所應積極扮演的角色吧！

正值青少年的孩子，彷彿走在人生的十字路口，心中常常充滿迷惑、徬徨，卻又面臨抉擇時刻；身爲媽媽，怎能不指引他「停、看、聽」後，再定方向、決行止呢！

出門看天色，進門看臉色；孩子反應情緒的氣象台，你怎能不留意它晴、時陰、偶陣雨的變化呢！雖說「**春無三日晴、春無三日陰**」，要緊的是能陪他走一段路啊！

5. 春景無限好

晚餐桌上，全家人共享可口美食，大夥兒有說有笑的，這是一天中最輕鬆的時刻。有時爲了帶動氣氛，我在下午看書報時，總不忘翻兩下「歡樂派」、「開心果」的篇章；挑幾則有趣的笑話，適時發揮一下，讓大家開開心，還常常引起回響，大家一起來說笑呢！

時日一久，孩子們耳濡目染，竟也培養出幽默感了，處事懂得消遣自己，換個角度欣賞人生，遇事不鑽牛角尖，對無奈的事則一笑置之等，培養了樂觀的生活態度。

6. 春風化雨時

晚飯後，是大家共同娛樂的時刻；一起看看電視、報紙、談時事、發議論，聊天說故事等。在愉快的交談中，更能瞭解孩子的心聲；在潛移默化中，引導孩子們建立正確的人生觀。

隨後，全家人就浸沉在一幅「夜讀圖」的情境裡了；孩子們埋首課業，有人搔手摸耳陷入數字迷魂陣，有的搖頭晃腦、喃喃自語，解讀「方塊字」密碼，有人咬文嚼字吞「蟹形文」天書，外子和我也陪伴在一旁，各自遨遊在一片書香天地裡。

「爸爸，這個英文生字什麼意思？你幫我查一下字典，好不好？」

「媽，這兩張測驗卷，我寫得頭昏眼花了；你替我核對正確答案，拜託喔！」

孩子忙不過來，當然要及時援助一番；藉此機會也可深入瞭解他們的學習成效，指出學習瓶頸或盲點，頗收「家教」輔導之功呢！

休息是爲了走更遠的路。夜深了，我一面播放著「晚安曲」，一面催孩子們收拾書包，有時還得個別勸睡一番，摸摸他們的頭，拍拍肩膀，在耳際輕哼著催眠曲：

「睡吧！睡吧！我可愛的寶貝，…。」

放眼天下，誰家兒女不是父母親眼中的太上皇呢？

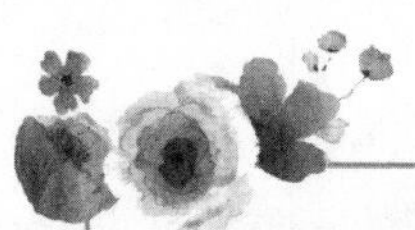

日夜照顧無閒暇　常得兒女帶笑看
現代孟母責任重　贏得寶貝日日歡

（五）複製成功經驗

我兒子唸國小四年級時，有一天放學回家，在書桌上寫功課，突然轉過頭來對我說：「**媽媽！我不想當總務股長了。**」剎時，我心頭一震，但表面仍輕淡地回話說：「**哦！我知道了！**」他聽後，又轉回頭繼續寫功課。這時我腦海的思緒卻開始翻騰起來了。

1. 處變不驚

那時候，我常常閱讀有關親職教育的書報、雜誌，或去聽專家演講。我知道做父母親的人，當孩子發生問題時，一定要保持鎮靜，不可顯露驚慌或震怒，甚至心直口快，直覺地就反問他：「爲什麼？」

因爲你問也是白問，孩子是不會輕易說出眞相的，因爲他怕父母會生氣，或會不同意他的意見。但是若不透露一點心聲，憋在心裏實在很難受，只好把話說了前半段而已。

這時父母雖然內心很焦慮，也只好忍耐著不發飆，不要輕易回應他，甚至逼問或拒絕他，而是要用心思考，如何去探知原因或事實眞相，先瞭解情況後再做適當處理。

有的家長會衝動地，逼問孩子說出理由後，就立刻臭罵他一頓，不准他隨便辭職；有的乾脆就順著孩子的意願，打電話拜託級任老師，請他另請高明，省得跟孩子勸說，還要跟他囉嗦半天；這樣的做法，都不是很好的教育方式。

2. 事緩則圓

於是，我費心盡力地思考，要如何找機會應用旁敲側擊的方式，先瞭解情況後，再想辦法應對。那時候，我每天傍晚都會帶孩子們到公園玩耍，因此，我當下決定，就在稍後要去公園的路上，從跟他職務有關的話題聊起，我問他：

你們班上有那些幹部啊？他們都做些什麼事呢？

我一個一個問他，他也一一回答說班長、學藝股長等負責什麼工作。當我問到風紀股長時，他就提高聲音說：

風紀股長最兇了，我們老師叫大家午休時，一定要趴在桌上睡覺，沒趴下的就要他記下名字，他都亂記人家名字，只要被記犯規的同學，就要罰交十塊錢，給總務股長當班費。

他停頓了一下，又說：同學每次交錢給我時，就一面罵我是「愛錢鬼」，我當總務股長好倒楣哦！我只不過是替班上保管錢而已。

3. 設身處地

「**那個風紀股長很壞哦！害你連累被同學罵，你一定很難過喔！**」我發揮同理心，這樣對他說，表示同情他的處境。

「對啊！媽媽你怎麼知道我被罵很難過呢！」

孩子對我能感同身受，說出他的感覺，也露出很佩服的神色，他停頓了一下又說：

媽媽！我告訴你喔！我們班上有小偷喔！他會偷我的錢呢！

眞的呀！怎麼這樣可惡，竟然偷你的錢，這是怎麼一回事啊？

我很關心地問，我知道我已引導出事情的關鍵點了。

接著他說：因爲，我把收到的罰款放進書包裏，可是下課時，偶而我離開座位去上廁所或出去玩，回來後，有幾次就發現錢少了一些，一定是被同學偷走的。老師曾說，要我好好記帳管錢，等到學期末，這些錢要拿來開同樂會用的。所以，我想不要再當總務股長了。

「媽媽知道你爲這件事很煩惱，你害怕要賠很多錢，所以想辭職不幹了，是不是？」

「對呀！媽媽！你聽了不要生氣，也不要罵我，好不好？我不是故意的。」

孩子說出他心中的困惑和憂慮。

「我的好寶貝，媽媽不會罵你的，媽媽也很同情你的遭遇，這樣好了，等爸爸下班回家，我們再一起商量，想辦法幫助你解決問題；你先不要想這件事，好好去公園玩一玩！」我說罷，孩子就點點頭，笑笑地去玩了。

4. 集思廣益

俗語說：「**三個臭皮匠勝過一個諸葛亮。**」知道孩子有難題無法解決時，父母親就要共同討論，研究出好的辦法，替孩子救難解危才是，而不是隨便敷衍應付，打發他走開，不來煩你就行，甚至抱著「多一事不如少一事」的駝鳥心態。。

我跟外子一再討論的結果，認爲孩子最大的困擾，就是擔心被偷錢的事，那就該「對症下藥」才是。

於是我們建議他，要他今後每天收到的罰款，就隨身放進自己的褲袋裏，放學後再帶回家裏，放進一個我們提供的曾裝餅乾的空盒子，並記錄下每天存入的金額，等到學期末，我們再換成等值的紙鈔，讓他交回給老師。這樣做法，即安全又省事。

兒子也同意了，照著我們的建議去做，他就安心地做完那學期的總務股長了。我們協助他解決了難題，心情也感到很欣慰。

5. 樂觀其成

後來兒子讀ＸＸ醫學院時，又再當選班上的總務股長，假日回家時，常聽到他在電話中，跟教授討論採購教科書的事，或者跟出版商打交道，商量打折扣或討價還價的事，以及爲同學爭取權益的情形。

我看他說話頭頭是道，處事很圓融的樣子，我看得出他勝任十分愉快；教授的託付，同學的信任，都使他建立了良好的人際關係，也給他更多學習做人做事的方法，我知道，我的孩子已越來越成熟、越懂事了。

那時醫學院學生買的書，一本都要好幾百或上千塊錢，全班收起來金額也滿大的，兒子都能妥善管理，且收付一清二楚，做事條理分明，就可看得出他是胸有成竹的高手了。

6. 複製成功

我見狀暗自歡喜，曾跟他爸爸說：

還好，當年我倆用心想了很好的辦法，幫助他排除學習路上的的障礙，讓他學會克服了挫折和困難，才可以勇敢繼續向前走；現在又擔任同樣的職務，才能做得稱職又順利。

我們也覺得很慶幸，當年及時助他一臂之力，協助他闖過難關，因而建立起他的自信心，讓他獲得成就感，現在才有信心複製成功經驗。

要是當年就輕易放任他知難而退，雖然逃避了那次挑戰，卻也喪失了給他磨練的好機會；那麼，現在一聽到要再當總務股長，豈不是會像觸電一般被嚇壞了；若是勉強任職，也必定過著惶恐不安的日子吧！

我最感欣慰的是，在他成長的路上，當他受挫或快跌跤時，我們及時拉了他一把，陪伴他繼續向前走，邁向更成長和成功之路！

學習路上難關多　用心輔導順暢走
父母職責無旁貸　陪他一段獲益多

（六）認錯重於處罰

唸國小時期的孩子，心智發展尚未成熟，對事情常會有單一想法，往往說話欠考慮，做事不合常理，犯錯更是很容易，所以常常惹大人生氣；因此，有孩子就會有問題，父母不必擔心教養難題，而是要用心想辦法處理。我的孩子也曾經發生犯錯的事情。

1. 別生氣要先問清

記得是三個孩子在唸小學時，有一天下午，我帶他們到我家附近較大的「民生公園」遊玩，大家玩得很開心，傍晚當我專心指導老大盪鞦韆時，才轉身一會兒，怎麼就不見老二和老三的人影，於是急著四處尋找，好擔心是被人拐走了，正找得心慌意亂時，老大提醒說：

他們會不會跑回家看電視呢？

我心想：**對喔！同樣是小孩比較有同理心！**

於是趕緊快步衝回家，卻見他倆笑嘻嘻地，在觀賞電視卡通影片；那一剎那，真把我給氣炸了，本想當下狠狠揍他倆一頓的；但突然腦海浮現親職教育書中的名言：

生氣是拿別人過錯懲罰自己，何苦呢？

打罵是發洩心中不滿的怨氣，有效嗎？

再仔細想一想：孩子可能不知道他們有什麼錯，否則，怎麼會歡喜自在地看電視呢！

於是我壓下怒氣，先去沖一下冷水澡，降溫怒氣，等他倆看完卡通後，才心平氣和地詢問一番。

2. 孩子只想到自己

原來他倆在公園另一角落玩時，聽見一位小朋友吵著，要他媽媽帶他回家看卡通，他倆才知道卡通時間快到了，也就急著要回去看卡通，又來不及跟我說一聲，反正，等一下媽媽也會帶姊姊回家的，他們不知道媽媽會擔心，…。

我就跟孩子說：

媽媽突然發現你們不見了，又到處找不到你們，很害怕你們是被壞人拐騙走了；你們不是故意要害媽媽擔心的，對不對？所以，以後一起出去玩，有事要想離開，一定要請媽媽帶你們回家，因爲媽媽很愛你們，要保護你們的安全，以免發生意外或危險啊！

兩個孩猛點頭說：

媽媽！對不起，我們知道這樣做是不對的，請媽媽原諒，我們以後一定會改過的，…。

3. 處罰要用對方法

那時，爲了讓他們能深刻反省，記住教訓，改過自新；我突然靈機一動，心生一計妙招，就是要求他倆各寫一份**「悔過書」，摘要寫下發生這件事的原因、經過和結果，以及今後要重新改過的做法。**

這種要求，可讓孩子打從心底檢討自己，確實反省自己所犯的錯誤和行爲是不對，並思考、承諾今後要怎麼做，才不會再犯同樣的過錯。

我這樣做，能讓它們學到教訓，從此改過自新，才是管教孩子的目的；如果孩子犯了錯，父母沒有讓孩子仔細檢討，到底是錯在那裏?以後怎樣改正？只顧生他的氣，或動手、動口打罵一頓，孩子會口服心不服，或是一時敢怒不敢言，但心中的怨恨，有朝一日便會反彈出來。

有些小孩，甚至誤認爲一旦犯了錯，只要被父母處罰過了，這件事就已算扯平了，並沒有眞心檢討及認錯，以及設法改過的決心，如此，反而失去了管教的意義了。

因此，父母管教孩子，要注意認錯比處罰更重要；當然，這是需要父母不斷學習和成長，學會良好的情緒管理方法，並應用雙贏的溝通技巧，和顏悅色地耐心教導的。

4. 因禍得福效益多

孩子們要寫「悔過書」，必須寫出合理的說詞，才能得到媽媽的諒解，這正是讓他釐清問題、訓練思考及磨練文筆的好機會。當然，再加上我平日培養他們，喜愛閱讀和寫作的興趣；因此，我三個孩子的作文能力都很強，在學校參加作文比賽常常得獎，每次參加高中或大學的升學聯考，作文成績都拿高分。老二唸ＸＸ醫學院時，有一次參加，校刊「金筆獎」徵文，曾獲得散文組第二名，而第一名卻是「從缺」的。

可見讀理組的學生，也需要磨練寫作表達能力的。

經過了許多年，當我教養孩子稍有成就後，我在從事「親職教育」演講時，就常常拿著當年不經意留下來的「悔過書」，給聽衆觀摩、參看一番。

並且藉機半開玩笑地說：

你們看看，管教孩子，要講究方法，方法對，親子雙贏；方法錯，兩敗俱傷。

像我連處罰孩子，都能提昇他們的作文能力，這樣一舉兩得，就是最好的例子了。

觀衆聽了，都報以熱烈的掌聲呢！

成長看得見　學習是關鍵
改變新做法　成果立可現

（七）吾家有女初長成

上個週日，外子陪伴我外出演講，會後聽衆一直圍著我，詢問許多問題，我詳細解答後，離開會場時，已是十二點多了。身爲家庭主婦，延誤了家人的午餐，深感不安；回家途中，一直盤算如何安排？主意未定，已進了家門。

1. 學以致用扮大廚

只見老二興奮地衝過來說：

爸爸、媽媽！中午姊姊當大廚師，我當小弟；我們快做好「梅花餐」了喔！

「眞的嗎?有這麼好的事啊！」我半信半疑地問。

「眞的啦！現在只等湯上桌，就大功告成了。」他堅定地說。

我趕緊跑去餐桌一看，果然是五菜一湯，連碗筷都擺齊了；眞是喜出望外，女兒竟能爲我代勞解憂了。

「媽媽，你快嚐嚐看嘛！這道是『東坡繡球』，那盤是『蠔油扒鳳翼』，還有『雞茸玉米湯』…。」女兒興奮地介紹著。

「嗯！好吃，很好吃，味道鮮美、配色好看，難得還是食譜上的名菜耶！」我滿心歡喜地誇讚她。

女兒今天露了一手，雖感十分驚喜，但對她的手藝，我早有信心的。因爲她上學校「家政課」都蠻用心學的，高一學裁縫，作品件件精緻；高二穿上自製圍裙學烹飪，假日裡偶爾現學現賣，炒個菜或做道點心、小吃的也挺可口的。

每次上過「實習課」回家，晚餐桌上，必定有一籮筐同學的趣聞、妙事好說；講到精彩處，總教人笑得噴飯，結尾總不忘加兩句：

好有趣吔！好好吃喔！

逗得弟、妹們常羨慕得要流口水呢！

她是個常常爲家人設想的貼心女孩！

2. 青春活潑又可愛

她們這群自稱「綠衫客」的北一女中學生，平時功課多、壓力大，但畢竟也是青春、活潑的女孩家；在忙碌的學習活動中，難免會出些俏點子，苦中作樂，調劑生活一番的，且舉實例吧！

物理老師，不但課講得好，爲人也幽默、風趣，最得學生人緣。他生日那天，上課時，女兒跟幾位同學導演一場「開箱見喜」的短劇。

全班合送一個精美大禮盒，大家並請老師當場打開看看；老師拆一層，同學鬨笑一回，總共拆了十來個漂亮的外盒後，最後才發現是一個手掌大的迷你扇子—那是老師夏天的隨身寶，師生相向哈哈大笑久久。

那時電視連續劇正在上演「岳飛」的故事，街頭唱片行到處可聞「滿江紅」的主題歌；絡美如同學就在黑板上卽興模仿填一闕「祝壽詞」：**怒髮衝冠考卷前，蕭蕭淚歇，抬望眼，仰天長嘯，答案何處？三十功名晨與昏，公、誠、勤、毅、你我她，教物理，白了壯年頭，大家樂。月考恥，猶未雪?分數恨，何時滅？**

壯志飢餐「牛頓」肉，笑談渴飲「拉密」血—把物理名詞都套用了，**待從頭重新讀講義，求及格。**

物理老師讀後大樂，卻也反幽她們一默：

寫得好，有志氣。妳們的護身符(服)就是「勤」呀—上衣繡著「勤」班學號，勤能補什麼啊?—拙，今天就把這句話回贈給你們啦！

全班一陣嘩然：豈有此禮「理」！

她是一個開朗又活潑的少女。

上面這個校園風光，當然是女兒轉播的；她時常放學回來一進門，就笑著說：**「今天在學校，好好玩喔！」**

然後就唱作俱佳地開講起來。我們大家都洗耳恭聽，也分享了無窮的樂趣；

不過，我也常提醒她：**你們開玩笑，可不能太過份唷！**

她笑著說：**不會啦！你放心，我們很會察言觀色，見好就收的。**

我們學生穿的綠色制服，全校就像植物園一樣，到處綠油油的，景色太單調，同學天天穿這套「光合作用衣」，大家二氧化碳吸多了，容易中毒，所以要吐點氧氣，養養精神，練練消遣神功，輕鬆一下嘛！要不然，整天正襟危坐的，都快變成**呆頭呆腦的「植物人」**啦！

又是一番言之成理的妙論。

她是個很會散播歡樂、散播愛的女孩。

3. 創意生活妙趣多

有時全家在一起時，她常會起個頭：

來！我講個笑話給你們聽。

於是從同學聽來的、報上看的、雜誌登的有趣故事，她都講得妙趣橫生，令大家捧腹大笑，自娛娛人嘛；有時帶動弟妹，大家一起講，更是樂不可支哪！

她就是會把快樂帶給全家的孩子。

平日言談中，也頗幽默、風趣，常令我們會心而笑；假日上圖書館K書叫去「打坐」；大清早趕車上學，時間緊迫要用跑的，常丟下一句：「**今天又要當『無尾熊』嘍！各位再見啦！**」—快跑得不見尾巴。晚上讀書讀累了，就安慰自己說：「**不睡不行了，明兒一早，還要『進京趕考』呢！**」因爲學校就位在總統府旁邊—是古代的京城啦！

前些日，她爸爸誤買一大罐葡萄柚原汁，又苦又澀的，弟弟、妹妹都不喝，只有她捧場；老爸欣慰之餘，問她口味如何?她竟妙答：

還好啦！「吃得苦中苦，方爲人上人」嘛！要不是風味獨特，那能留給我自個兒享福！

她是個幽默、風趣的孩子，且樂意跟人分享。

4. 友愛弟妹行動派

假日裡，我有時外出辦事，她會悄悄發動弟妹打理房子，把家裡弄得整潔、清爽；爲的是給媽媽放一個「意外假」。

大熱天，我從外頭回來，她會端一杯水給我解渴，冬天則換成熱的；陪我上菜市場買東西，我在皮包找零錢，她會悄悄從口袋掏出錢付了。

她也是個好姊姊，指導弟妹功課，析理、解說都頭頭是道，儼然像個小老師，也替我節省不少補習費。

她念國三的小妹，學校模擬考，因爲一時粗心，有一、兩個數學題，不該錯卻計算錯了；看見她難過得哭了，就安慰她說：**「沒關係啦！現在錯，總比聯考錯好啊！」**小妹一聽果然破涕爲笑了，接著就熱心地陪她訂正考卷。

她念「建國中學」的弟弟，一副憨厚的樣子。有一回，在情人節前夕，回家一直說，班上有人收到女朋友的巧克力，怎樣怎樣的；言下頗爲羨慕的意思。隔天，她也悄悄買一盒送他，還說：「高興吧！總算也有女孩子欣賞你啦！」

她是一個很有愛心的孩子，更是行動派的大姊。

5. 少女情懷總是詩

這頓「梅花餐」大家吃得眉開眼笑的，老爸更是嘖嘖稱讚，還說：「今後就是媽媽回去外婆家玩，我們也不愁吃喝了。」

「好開心喔！我們家女兒會縫衣服、打理家務，現在又會做飯菜了，眞能幹吔！」我笑著說。

「就是嘛！吾家有女初長成嘍！」老爸得意地脫口說。

「對了！爸、媽，我們這次『家政課』，是要同學上台發表意見，題目是『交友與擇偶』，請你們也提供點意見吧！」女兒在餐桌上說。

「哈哈！姊姊要交男朋友啦！」小弟頑皮地說。

「你忘了，姊姊是十八姑娘一朵花啊！」小妹打趣著說。

「嘿！還說什麼花呢?每天K書K得頭昏眼花，我看是拚大學聯考的『苦命花』嘍！」大女兒笑著回說。

「算了，我不要姊姊當什麼花了，我只要姊姊當我們家的開心果，讓大家天天開心就好啦！」小妹歡喜地說。

於是大家又哈哈笑起來了。

養育兒女樂趣多　親子情緣多珍惜
有女孝順真歡喜　天倫之樂樂無比

（八）陪孩子走一段「上」

曾經有人說過：母親照顧一個孩子，從生育、養育和教育等主要工作的歷程，所花費的心力、精力和體力等，都是可寫成一部大書的。

雖然每一個章節，看起來是大同小異，其實是同中有異的；就像我們每天過日子，絕對沒有一天是完全相同的；因爲天底下，每天都會有新鮮事發生的，就像昨天的太陽或你，跟今天的太陽和你，太陽光度不同，而你又長大，或變老了一些了，只是你我不太輕易察覺到就是啦！

1. 繳學費單的趣事

還記得多年前，我們住在台北市「中華體育場」旁時，有一次開學前，外子拿著孩子們學校發的，要繳學費的三聯單，到附近的「中小企銀」櫃台，跟著大家排隊繳費，輪到他遞上單子時；收費的是一位中年媽媽型行員，她看了第一張單子，口中輕念著「北一女」，接著又提高聲音念出「建國中學」，翻到第三張時更驚訝地，脫口大聲說：

怎麼也是北一女！唉喲耶！好康的，怎麼都在你們家啊！

剎時，排在後面好幾位家長，都好奇地圍過來，並以羨慕的口氣稱讚著：

有的說：你的孩子好厲害！全都念台北第一流的高中。

有人問：先生，請問你是怎麼教的?

有一位媽媽更說：**這位爸爸請問一下，你家農曆初一、十五拜拜，燒金紙給神明，是不是都用千鈔啊？**

她的意思是說，我們家拜拜時，是不是都用面額最大的紙錢獻給神明，所以才保佑特別多。大家一聽，都笑起來了。

外子只笑笑地回話說：

這沒什麼！沒什麼啦！ 嘛著神！嘛著人啦！，孩子都是我太太在教的啦！

說完，就匆匆閃開人群了。

我當了幾十年的專職媽媽和主婦，教出三位聰明、乖巧又孝順的兒女，當時的確羨煞不少人，可是我付出的時間、心力和智慧等，確實也很多，且讓我分享一些經驗，提供大家參考。

2. 照顧健康的身體

我很注重孩子身心的健康，我堅守保健三原則，就是營養要滿分、睡眠要第一、運動要一百。當然還要加上兩種維他命L—love、laughter，就是愛心和笑容。

(1)營養滿分

每天要有均衡又足夠的營養，孩子求學期間，二十多年來，我都自已準備早餐，並陪他們一起吃飯，卽使後來偶而太忙時，我也會買半成品，回家再添加不足的配料；我早餐常會切水果或打果汁，給他們吃或喝，以消除整天讀書的緊張和壓力。我會有十多種早餐輪流、變換著製做。

變化是人生的香料嘛，讓他們吃得好、吃得巧再上學，對功課進步是很有助益的。**我從沒有一天早上，是讓孩子們，餓著肚子，走出家門去上學的。**

直到他們唸完高中期間，中午一定都爲他們準備營養又美味的便當，做便當的要訣，就是把握多樣化和多變化。我曾有二十多種的便當食譜喔！

均衡又營養的三餐飲食，是最重要的生命之火，吃出健康和聰明。我演講的名言是「**先看菜單，再看成績單。**」，我在已寫「聯考獲勝絕招」一書中，就有舉例一百多道簡要的「考生營養食譜」，把握易做、營養和好吃三原則。

(2)睡眠第一

我們家的孩子，晚上溫習功課，我們都堅守三原則：「**固定讀書時間，限時做完功課，親子一起讀書。**」每人一張書桌，外子和我也同時陪讀，各自讀我們專業的書；有時會幫孩子檢查作業、核對答案或幫忙他們背書等；因此，孩子都能準時做完功課，每晚最遲十點左右就上床休息，我堅守：「**睡得飽，精神好，讀書效率高三原則。**」

他們是從不熬夜讀書的。從小養成良好作息習慣，甚至念大學畢業後，準備參加醫師證照國考，或留學甄選特考期間，也是保持正常作息習慣，以維護身、心健康。

(3)運動一百

上幼稚園或小學時期，我幾乎每天傍晚，都會帶他們到公園遊玩、運動，以鍛鍊身體和培養喜愛運動的習慣。

上中學或大學後，假日一定陪孩子從事戶外活動，打球、跳繩或郊遊、爬山等，各種鍛鍊體能或休閒活動。所以，我孩子求學期間，不僅很少生病請假，更獲得全學年的全勤獎呢！

幫助兒女維護健康的身體，讓他們擁有充足的體力、腦力和

精力，那才是讀書最大的本錢，這是我們做父母親，最能幫忙孩子功課進步的好方法喔！

3. 規律單純的生活

求學時期的孩子，每天生活，都要十分有規律，固定幾點上學、放學；回家後，幾點洗澡、吃飯、自由活動、讀書做功課等，都有安排計畫。**生活有規律，讀書才有效率。好習慣的養成，只要連續做二十一天就行了。**

我三個孩子放學後，幾乎都不會在外頭逗留，他們不會跟同學去聚會或玩樂，也不會去遊樂場所遊蕩；準時回家後，更不會再跟同學或朋友，打電話或聊天什麼的；如此，就可節省很多時間，減少人際間的糾葛或干擾，作息有規律，生活很單純，才能專心一意地用功讀書。

4. 多參加課外活動

我們都鼓勵孩子參加學校的社團，或才藝等課外活動，小學時讓他們選擇參加乒乓球隊、舞蹈表演、演講比賽等，念北市的「介壽國中」時，三人分別參加軍樂隊、鼓號隊、舞棒隊，大女兒在軍樂隊裡是吹小號，有一次聊天時，她爸爸開玩笑地說：

你要好好學會，擁有一技之長，將來長大後，萬一失業了，還可以到民權東路上的XX館打工，當樂隊的喇叭手，賺些外快，也不錯耶！

高中則參加園藝社、吉他社、辯論社等，兩個女兒還曾先後當過北一女，或台北醫學院的園藝社社長呢！參加社團益處很多，例如學習團隊合作精神，增進良好人際關係，免費學習才藝及調劑生活情趣等。

我兒子念小學時，因同班胡同學爸爸的推薦，曾參加在當時傳播界很著名的「光啟社」，在試音選拔會中，獲選爲第一名；隨後也在中廣、漢聲或幼獅等電台，擔任許多短劇的播音員，每次錄音時，我常陪伴他前去，客串當「星媽」，這眞是「母以子貴」托福之美事。多多鼓勵孩子參加課外活動，都是很有助益的。

5. 背後的支持鼓勵

當然家長背後的支持、協助和鼓勵等，也有很大的功效的，例如小女兒念「民生國小」時，因要參加台北市國小的民族舞蹈比賽，我爲了縫製她舞衣上的許多亮片，曾夜晚低頭蹲在床板上，仔細縫了兩、三個鐘頭，累得連腰桿都痠痛得直不起來呢！

還有晚上要接送到學校禮堂演練；比賽時要在台下當義務觀衆，給鼓掌、加油等；來回奔波雖然有一點辛苦，但看到她的努力，使團隊獲獎的成果，一切的汗水瞬間都轉化成，興奮的喝采和掌聲了。這就是陪伴孩子成長，有苦有樂的例子。

其實，還有日常生活裡許多點滴的照顧，像快樂的分享，痛苦的分擔，情緒的接納和紓解等，有時問題多樣又複雜，所幸，都能運用智慧和愛心解決，收到親子雙贏的效果。

養育兒女費心盡力　身為父母責無旁貸

努力修習父母學分　及時的愛不能等待

（九）陪孩子走一段「下」

6. 運用智慧解難關

記得是大女兒唸國三時，在六月底某一天，學校晚自習回家進門時，就驚慌地大聲叫著說：

慘了！慘了！完蛋啦！大事不妙了，我今天闖下大禍了！

我在廚房一聽，心想：「怎會發生什麼大事呢！都馬上在七月初，就要參加升高中的聯考了，考前緊要關頭，怎麼能發生什麼大事啊？」

我立刻衝到客廳，先遞一杯冰開水給她，並說：

來來！你先坐下來喝一口水，再慢慢說給媽媽聽，這是怎麼一回事啊？

於是，女兒稍微緩和一下激動的情緒後，就細說重頭了。

原來下午第一節課，下課休息時間，她跟一位同學在桌上比賽勾拉臂力玩遊戲時，較量看誰可壓倒對方，兩人拉扯中，互有輸贏，正拼鬥得激烈時，不小心就撞倒了，隔壁同學的桌子，也弄倒她桌上的一罐汽水，這個意外，讓三人同時都嚇呆了。

他們兩人雖有頻頻跟對方說「對不起！」，而對方也有說「沒關係啦！」。但是，我女兒一直覺得對她很抱歉，因她是我女兒最要好的朋友；因此，我女兒很擔心，對方會因此事生氣，就不再跟她交往了；所以女兒很傷心、難過，又不知道該怎麼辦？**她因此十分懊惱、後悔，整個下午都忐忑不安，也唸不下書了。**

女兒說完了，就大大嘆了口氣說：

啊！眞糟糕耶，我闖下了大禍了！怎麼辦?媽媽！我要怎麼辦啦！你可不可以，幫我想想辦法挽回啊？

我看她一副傷心得要哭泣的樣子，實在很心疼和不捨她的遭遇；更何況聯考只剩幾天，讓她受此打擊，而無法專心讀書，就更糟糕了。於是，我就運用心理學上說的名言。

7. 先接納她的心情

於是，我說：你發生了這件意外，心中一定會很難過，也很後悔的，是不是啊？媽媽也很替你感到很傷心、懊惱耶！

女兒就點點頭說：**謝謝媽媽，你最懂我的心情啦！**

我又接著說：你也很擔心以後，可會失去一位很要好的朋友，所以就更加傷心、難過了。對不對?

女兒又點點頭說：是啊！我眞的爲了這件事很煩惱耶！

我再安慰她說：**這樣好了，我幫你想個好辦法，讓你們能「言歸於好」，好不好啊？**

她就立刻轉憂爲喜說：**媽媽，你最愛我了；你眞的要想辦法，替我解除這個煩惱嗎?謝謝媽媽喔！那我就放心啦！**

於是，女兒就欣慰地笑了。

隔天，我就買了3罐冰涼汽水，在傍晚我送晚餐去的休息時間，叫女兒請其他兩位同學出來教室外面，就跟她們分別說：

我媽媽有事情要跟你說，請你到教室外面來一下，好嗎？

等三位都到齊時，我就拿出汽水，並說：

昨天你們發生的那件意外事情，你們三人一定都很難過吧！現在王媽媽請大家喝喝汽水，消消氣，就把過去的事都忘記，重新做好朋友，好嗎？

結果，他們都微笑著點頭說「好！好！」。

我隨即一一遞給汽水，並說：

來！大家打開來，先互相碰一下罐子，說「乾杯！」，再一口氣喝光，去掉舊霉運，迎接新好運，YA！

於是，大家就微笑地說「謝謝王媽媽！」隨卽一哄而散，笑著走回教室去啦！就這樣，幫女兒擺平了這件糗事，讓她可以安心地再唸書，結果就順利地，考上了第一志願了。

我是仿造宋朝皇帝趙匡胤的「**杯酒釋兵權**」妙法，拿來變通、應用出來的。趙匡胤曾以舉辦盛宴請客，解除大將們的兵權；而我是用請喝飲料，以盡釋前嫌，頗收「異曲同工」之效！不過，我在事前也有尊重女兒，先徵求她的同意，才這樣去做的喔！

8. 給她選擇和負責

有一件事，我至今還印象很深刻；就是小女兒念台北市「北一女中」，在高一或高二時，有一天晚上她在整理書包，準備睡覺前，隨口對我說：

媽媽，我們國文老師上上次上課時，曾經說：

星期幾，也就是明天，要考一課「默書」，可是前天上課時並沒有再提起這件事，我擔心到底會不會考？

我故意不馬上直接回答她，因爲我讀過教育心理學，知道「**要先讓馬口渴，不要逼馬喝水。**」的原理。

所以，我只反問她：那你猜測是會考還是不會考呢？

她說：我也不知道耶！

她有一點猶疑，很難做決定的樣子。

我說：那你是想賭一下，不要準備就去睡覺?還是想背一背才放心呢？

我故意不給她意見，因爲「**給她選擇，她才願意負責**」，孩子正徘徊在抉擇的十字路口；不過，我也鼓勵地說：「**如果你有想**

背書，媽媽可以暫時不去睡，留下來陪伴你，跟你一起念。」

她想了一下，就笑著說：**好吧！就聽你的話，還是背一背，有備無患嘛！睡得比較安心。**

那一課的內容好像有兩、三個主題，其中有一個，我至今還記得很清楚，就是我以前念高中也曾讀過的，元朝馬致遠的「天淨沙」：

枯藤、老樹、昏鴉，小橋、流水、人家；

古道、西風、瘦馬；夕陽西下，斷腸人在天涯。

當晚，我就陪著她，先一起念熟幾遍，我並把每句話內容用圖畫解說一番，讓她加深畫面印象，接著就我一句，她一句地交替著背出來，她是初學者，偶而想不起來，我就把那句話的情境再提示一下，或說出第一個字，她就立刻想起來了；如此，親子共讀也別有一番樂趣，我們總共只花了約三十多分鐘，她就全部背會了。於是，她就很開心地跟我道謝，才安心睡覺去了。

第二天傍晚她放學回來，一進門見就衝過來，擁抱著我興奮地說：**謝謝媽媽！謝謝你陪我背書，今天老師真的有考默書，我都會寫喔！幸好有你幫忙；我們有好多同學都沒背，就寫不出來耶！還是我媽媽英明！**

高中以前的孩子，求學期間，還是需要父母多多給予關愛或陪伴的。我曾去台北縣的「泰山國小」的，地下室禮堂演講時，看到牆上的標語：

無論孩子多麼小，你都要像大人般尊重他；

無論孩子多麼大，你都要像小孩般關愛他。

這正是提醒父母陪伴兒女時，應有的正確態度了。

9. 多多同理和鼓勵

再說另一件事，就是大女兒念台北醫學院牙醫系，大二或大三時，有一天傍晚打電話回家說：媽媽，我今晚不能回家吃飯了，因我們「解剖學」的課，我們的團隊，到現在還沒有找出手臂的每條神經，現場報告也還沒寫完，…。

我回說：**喔！是這樣啊！那你們那麼打拼，一定很辛苦喔！也要記得先去吃飯喔！**

等到九點多時，她又來電說：**媽媽！我好累喔！下午忙到現在，我都還沒吃晚飯耶！**她說得有氣無力。

我同理地說：**媽媽聽你的聲音，就感覺到你真的快累壞了，肚子一定很餓喔！媽媽好捨不得，你這麼吃苦耶！你快先去吃個飯吧！**

她回說：好的，媽媽最瞭解我了，謝謝媽媽！

她語氣也緩和多了。

接著我又說：媽媽會煮你愛吃的紅豆薏仁湯，等你回家吃，慰勞你喔！

我停頓了一下，又打氣地說：不過，你說實驗報告不交不行，所以，媽媽建議你，是不是再忍耐一下子，努力把作業趕完後，回家再好好休息。

現在多吃點苦，用功學，將來畢業後，才能成爲名醫喔！

她聽到我鼓勵、加油的話後，就提高聲音說：**「好吧！那我就聽媽媽的話，再回去打拼囉！晚一點才回家，再見啦！」**

後來聽女兒轉述說：當天有三位同學一起去打公共電話，回家訴苦時一當時尚未有手機。有一個同學的媽媽跟她說：

這個教授太嚴格，害你們做得半死，還做不出結果，我看這

學期就給它當掉算了，明年換別的教授時再重修吧！

另一位的媽媽也說：

牙醫系要讀得這麼累，我看轉到比較輕鬆的科系，像復健系、心理系吧！

同學聽到她們說的情形，紛紛評論起來，有一位同學說：

你們兩位的媽媽，都是勸退或逃避，只有幸宜的媽媽是鼓勵勸進的，她將來畢業後，一定會成爲很棒的名醫喔！

積極又樂觀的媽媽，才能培養出遇事也能正向思考，勇敢接受挑戰的孩子！

10. 孩子優秀成就我

說實在，我也從陪伴孩子成長過程中，獲得很多的樂趣、體驗和心得，也由於擁有親身教育孩子的成功經驗，才促使我日後竟變成「親職教育」的作家和演講家，這也是要感謝我的三個孩子帶給我，很意外又珍貴的的收穫吧！

做爲三個孩子的媽媽，我深感欣慰和感恩。許多年來，經由我努力的學習、覺察、反省，或改善、改進和改變中，我所獲得各種教養知識或技能等，都能適時派上用場，充分運用出來；才能一路陪伴孩子，迎接各種關卡的挑戰，一起分享喜樂或分擔憂傷，幫助他們順利地，邁向成長和成熟之路。

陪伴孩子一起成長　親身體驗苦樂夠多

稱職父母善盡本份　孩子感恩回饋更多

（十）聊出來的留學夢

我家小女兒唸大二時，常跟她爸爸在聊天。

有一次，她爸爸笑著說：你姊姊和哥哥都唸醫科，他們繳的學費，比你唸台大的文科貴很多；這樣好了，爲了公平對待妳，爸媽也給妳一百萬塊錢，讓妳出國去，隨便你要遊玩、遊學，還是留學都好啦！

女兒笑嘻嘻地說：**是眞的嗎？那我得好好想一想，要怎麼去花用這筆大錢喔！**

她爸就說：那妳要不要先想好去哪一國呀！看看是去美國、日本或英國，…。

女兒說：我比較想去日本吔！我小時候常聽住在日本的大姑姑和姑丈，每次回國聚會時，說起日本的生活，好像是滿好玩的地方。

她爸就鼓勵說：**妳想要去日本，那要不要先去學一點日本話，去那裡要買東西，或問路、搭車才方便啊！**

女兒就說：**說的也是！那我就利用這個暑假，先去補習日語好啦！**

實在沒想到，父女竟在聊天談笑間，聊出了女兒想要留學的美夢來。當然，這些對話是在很多次的交談中，才討論出來的結果。

1. 踏出夢想第一步

那年暑假，她果然就去參加台北市「青年服務社」，所舉辦的「日語補習班」，每個禮拜上兩次課，每次上三小時。她唸得蠻有興趣的，常常下課回家，就努力溫習功課，也會跟我們分享班上的趣聞妙事，我們聽了都很開心。

學校開學後，她也一直持續利用晚上去補習，直到她升上「台大社研所」後，已經參加過多次進階的日語檢定考試，最後獲得了「日文檢定最高級」的證書了。

不過，在那段上學期間，課餘之暇，她也再考進在台大上課的「語言中心」最高級班，繼續進一步進修；那是要從週一到週五清晨，每天上課一小時，女兒每天早上七點鐘，就要從家裡騎腳踏車出發，上課期間從未遲到或早退；老師是日本人，全場用日語對話，上完了那裏的一系列課程後，女兒覺得自己聽、說、讀、寫的能力大爲精進。

2. 好人緣有好機緣

女兒的人際關係一向很好，無論到什麼場合，她都能結交好朋友，尤其是唸台大時，很多學長、學姐或同學都很欣賞她，她大二時還曾當選過系學會會長，那一年是歷屆舉辦學術活動最多次的。

她在研二快升研三時，有學姐告訴她，日本駐台的「日本交流協會」，有提供台灣學生留日的獎學金，女兒知道後，回家就跟我們商量一番，我們很鼓勵他去報考，於是她就提早準備各種報考資料，研讀報考「人文社會科」組，所需要考的各種考試項目。

其中有一科是要考「民法」，那是她從沒有唸過的科目，她就請一位曾是北一女很要好的姚同學，她是台大法律系高材生，在短期內給她密集惡補一番；名師出高徒，考試竟然還得很高分呢！如此，在她全力以赴的準備應考下，果然，筆試就以優異成績被錄取了。

接著要撰寫一篇長長的「留學計畫書」送審通過後，才可以再參加最嚴格的「面試」，那是由兩位日方交流協會高階官員，親自用日語詢答，女兒說她應對交談很流利，放榜時果然又擊敗多位高手，順利獲得最後勝利了。

3. 貴人相助成就她

女兒個性一向樂於助人，因而常結識不少幫忙她的貴人。她唸大學部的同班同學，有一位是來自日本的女生，平時上課遇到中文聽不太懂的地方，女兒就用日語跟她解說一番，女兒的熱心幫忙，使她倆變成好朋友。

那位女同學，課餘是在日文翻譯社打工，賺取生活費。在女兒傾力寫作「留學計畫書」時，我就建議她，用論件計酬方式，請那位同學協助校稿一番，以確保文法或用字遣詞更爲精準。這期間多次來回去她住處，送稿或取稿時，都是由我開車接送她的。最後結果，又順利被通知審查資格過關了。我們都很感欣喜。

就在參加「口頭面試」決戰前夕，我又建議她，以計時付費方式，把那位日籍同學請到我家客廳，現場充當口試委員，跟應試的女兒互相詢答一番；如此模擬演練結束後，女兒感覺更有信心，去接受正式口試的挑戰了。

女兒獲知金榜題名時，我們都深深以她爲榮，也爲她努力的成果喝采，全家人還外出聚餐慶賀，席間她一再感謝爸和媽，這段期間的陪伴和支持，以及姊、哥的加油和鼓勵。

4. 家世背景助益多

隨後而來的大事，就是依照「協會」規章，需準備向日本的國立大學，提出「申請入學許可書」。申請書上除了要詳填，本人在校學業和操行成績，及其他優良表現事蹟，和「留學計畫書」外，還須填寫家庭狀況表，於是她填寫父親是工程師，母親是退休高中教師，兄及姊均是醫師，還包括家庭經濟狀況等。

她申請了三個國立大學，即日本的「一僑大學」、「九州大學」和「東京大學」；結果「一僑」和「九州]大學，很快就來信通知錄取了。但她更期待能進入日本最優秀的「東大」就讀。

我至今還深深記得，那天她在樓下信箱，收到「東大」寄來的信件時，她又緊張又興奮地捧著進家門，向全家人大聲地喊著：**「東大的回信來了吔！」**

剎時，我們都圍聚過來看著她，小心翼翼地打開信函，當她看到是「入學錄取通知書」時，高興得比押中彩券大獎還要驚喜，摟抱住她爸和我，笑嘻嘻地又叫又跳了起來。女兒一步步、一關關的接受考驗，終於使留學的美夢成真了。

5. 省錢省事好名聲

女兒赴日進修二年期間，可以獲得當時約新台幣二百萬元的獎學金，包括每年的台、日來回機票，每學期的學費和學雜費，及每個月約六萬元的生活費用，包括伙食、租屋及零用金等；此外，還享有留學生許多優惠，例如日本官方免費招待參訪、旅遊許多名勝古跡，或年節舉辦聚餐、欣賞娛樂表演節目等。這樣意外的美好結果，我們不僅省下原先要給她的一百萬塊錢，而且，還倒賺了二百萬元的留學費用。

親友常羨慕地說：**你們家小女兒，一流的學校都被她讀過了，在台灣唸的是最優的北一女中、台大，去日本又唸了最著名的東大，實在有夠厲害耶！**

不過，說實在的，我們做父母的用心安排，也是功不可沒的。在女兒大三升大四的暑假，我們安排她和姊姊跟團赴日旅遊，讓她稍能認識日本的風土人情，並隨後在她大姑姑家小住幾天，體驗日本人的家庭生活，對日本的生活、文化算是有一些認識了。

又在念「台大社會研究所」一年級時，利用寒假期間，讓她再度赴日，是住在唸「東大」的詹姓學姐家，住了約半個多月，學姊帶他去參訪學校等文教景點，又分享她很多有關留學生的生活；同時，她自己也藉機體驗一下，能否適應日本寒冬冰冷的天候。這些出國所花的費用，都應算我們對她的教育投資吧！

6. 親子常保心連心

女兒終於順利地赴日留學了，現在回想起來，當初眞的是她爸有意或無意間，跟她聊天談出來的結果。

父母只要給孩子點燃一點點火苗，加上孩子自己的努力，就能發揮成爲巨大的火炬，照亮了自己的光明前程。當然父母親一路的協助和陪伴，也是有很大助益的。

許多年來，我在從事「親職教育」演講時，常常適時就舉出這件親身經驗的例子；並告訴家長，平時要常抽空跟孩子聊天說笑，天南地北，無所不談，培養親子間親密的感情，和建立順暢的溝通管道。

也可適時探問或討論孩子的將來，例如想讀什麼學校，或唸那一類科系；想從事哪一個行業，要做什麼工作等，讓孩子說說他的願望或夢想，讓他盡早描述自己人生的願景等。

一個人的生活或人生，一旦有了鎖定追求的目標，就會有努力的方向和動能，整個世界也都會來幫助你的。因此，我常說：**給人生一個美夢，給夢一個好方向；給方向一條順利路，最後你就能圓夢了。**

小女兒精彩的留學夢想，靠著她個人的努力，加上我們當家長的鼓勵和協助，終於獲得了圓滿的成果。這個實現美夢的例子，今後家長在跟兒女討論「生涯規劃」時，頗具有觀摩和參考的價值吧！

聊天說笑搏感情　交集發光靈感現
笑裡藏道父母心　提攜兒女雙贏見

（十一）含笑弄孫

幾年前，因爲兒子家需要幫忙，我就暫停自己的工作，婉拒許多演講邀約，每天到他家去照顧孫子，帶他玩、教他玩或一起出去玩等，留下很多美好的印象，現在就摘要分享如下：

1. 拼圖玩具啟發多

我是在孫子兩歲多時去照顧他的，我們在室內常常陪他玩拼圖，拼圖盒子上寫的說明：

適合二至四歲的幼兒，它是益智玩具，可訓練幼兒手眼協調，和精細動作的能力，認識事物部分與整體的關係等。

我們教他玩法後，他很快就學會，做六到九片的拼圖，包括交通工具的汽車、火車、飛機等，九塊的則有較複雜的大象、斑馬、長頸鹿等。他除了會認識形狀、辨識色塊外，組合能力、動作也超快又準。

偶而，我故意把好幾個不同拼圖的色塊，混雜在一起，他很快就能分辨，並選取某一圖案所組成的那些色塊，而且從沒拿錯過。**小孫子快速又敏銳的動作，連我這個當阿嬷都自嘆不如呢！我們常豎起大拇指，頻頻誇獎他，他就做得更起勁啦！**

等到他兩歲又十個月大時，已經能拼好二十八片色塊，是整盤的麵包、餅乾、蛋糕等，很複雜的圖案，他的優異表現，連他爸、媽看了都嘖嘖稱讚呢！

再長大一些後，就玩樂高積木，更能自由發揮創意，製作很長的連結大卡車、高聳的101大樓，以及蓋一間很寬大的房屋，也跟我解說是：這是將來要給我們住的別墅，隔成很多房間，還指明這一間是給阿公、阿嬤的，那一間是給爸、媽的，甚至連幫佣的阿姨也有一間。當然也有他自己的；大房子裡面還有客廳、書房、遊戲間等配備，我們光是聽他一一解說半天，介紹他建造的夢幻城堡，就歡喜地笑得好開心呢！

2. 戶外活動益處多

我們都在早上和傍晚固定時段，帶著他到戶外活動，在廣大的社區樹蔭下，一起比賽跑步，有時又比賽踢路旁的小石子，看誰踢得較遠，後來他連松果、小樹枝都能當玩具踢呢！我又教他指認花木名稱，或教他花朵的紅、橙、黃等顏色，偶而還在花前唱歌給他聽，像杜鵑花、玫瑰花等，有一次他竟指著一叢鳳仙花說：「阿嬤！這個鳳仙花要怎麼唱歌啊？」

這下子他竟給我出考題啦！我急中生智，就套上「茉莉花」的旋律唱著：

好一朵美麗的鳳仙花，芬芳美麗滿枝椏，又香又白人人誇，…。

他聽後，還笑嘻嘻用力鼓掌說：

唱得好！唱得好！唱得比歌星還要好！給你拍拍手，按個讚！

我的乖孫子！竟然也學會了我常讚美他的說詞了。其實，他也不是故意要挑戰我，而是他可能認爲每種花，都會有一首歌吧！還好我反應快，否則差一點，我這個萬能阿嬤的形象就破功啦！

3. 寓教於樂驚喜多

社區裡有三千多戶人家，所以地域很廣，馬路縱橫交錯，我們常更換路線散步、交談、聊天；有一陣子走到幹道，有很多轎車停放路邊，我就地取材，教他辨認車種，幾次後，再考問他，果然他也能應對如流；接著教他辨識車牌是哪裡的車，有桃園縣、台北市或台北縣，也有其他縣市的。

它們各有不同區別代號的英文字母及車號，於是我們就拿來「寓教於樂」一番，藉此教他學會26個英文字母，及1到10的阿拉伯數字，這個好玩的遊戲，竟帶給我們極大的樂趣喔；有一次，他驚喜地大叫：「**這一輛是高雄市的車耶！**」

我們很詫異，他又不認識字，怎麼辨認得出來呢！當然又要把他抱起來，摸摸頭或鼓掌，誇獎一番啦！他就很得意地笑開來了。

4. 聯想能力超級多

我也常帶他到社區的國小遊玩，每次在學校放學後，就進去逛一逛，在那裏互相丟球、踢球，打羽毛球或在操場慢跑，我跑幾圈，他也能跟著跑幾圈呢！

在校園蹓達時，我曾經指認，告訴他說：「**這是金針花，那是喇叭花，…等。**」有一次吃飯，我餵他吃菜時，我說：

來！吃一口金針菇！

他馬上說：**阿嬤！金針菇和金針花，只差一個字，但是不一樣的東西耶！**

他看到電視上有人表演吹喇叭，就說：**手上的喇叭會吹出歌聲，校園的喇趴花會有香味喔！**

他學著一隻叫「汪汪」小狗的叫聲，就聯想說：「**汪汪！跟旺旺X貝的餅乾名字，怎麼會有兩個字一樣呢?**」

更難得的是，有一次，電視銀幕正播出海邊的一排排，高高豎立的風力發電機，他竟驚喜地指著轉動的三個葉片，並大喊：

賓士，賓士車，那是賓士車的標記啦！

我們好佩服他豐富的聯想力耶！

我們教他在蔭涼的大樹下盪鞦韆時，多次後，就很大膽地盪很高，還說：「**我要盪到很高很高的樹上，抓到可愛的小鳥，下來跟我玩喔！**」我們聽了，眞爲他天眞的童語而愛笑了。

有時，我坐在公園裡，一座可左右擺盪的雙排搖椅上，他會說：「**阿嬤！你坐在上面，我幫你搖動搖椅！**」果然，他站在中間空隙處，雙腳一跨開，大力地左右踩動起來，我頻頻誇讚他，他就越搖越賣力、越起勁啦！我說：

好高興喔！我的乖孫子，竟也能載動阿嬤玩啦！

我一直幫他喊「加油！加油！」好讓他把娛樂也當運動啦！

5. 上學好玩趣味多

他長大上了幼稚園後，我跟先生只有每天傍晚，去接他放學就行，再陪著他去社區或學校玩，直到晚上他父母回家，跟我們交班後，我們才回台北。有時候我們自己開車去，就帶他繞著社區兜風，聽他講一講學校或同學有趣的事；有時會唱一唱，剛教的新歌給我們聽。

上大班時，老師有教背誦「三字經」、「弟子規」，後來還有「論語」、「孟子」等，他都能整篇背誦很順暢，雖不識字或了解意思，就當作磨練說話，或培養記憶吧！我們還是會開心地，熱烈地給他鼓掌稱讚的。

讀大班時，有一天，我剛進他家，他突然從貼在大門後，拿下一張A4的圖畫給我看，還說：

阿嬤！你看，這是我畫的圖，我禁止這些昆蟲進入我家。

我接過來一看，是畫著5種漫畫簡圖，有蒼蠅、蚊子、螞蟻、蟑螂和狗狗；旁白是用注音拼字寫在圖畫旁邊；並以注音寫著很大標題：**「這些害蟲不可進來！」更可愛的是還在標題旁邊，畫上一個大圓圈圈，中間再畫上一條斜槓呢！**也就是藉用「**禁止汽機車進入**」的那個交通號誌耶！

我當場馬上稱讚說：

好可愛的漫畫喔！超棒的！很有創意，我的乖孫子，好聰明耶！

我立刻又抱起他來，大大誇獎一番啦！

上小學後，我們就不必再去帶他了；我很珍惜這一段美好的機緣；我們曾經照顧他約有三年，所以他跟我們的感情很親密，日後每次聚會時，他都會跟我們聊天，有說有笑的。

先賢曾有「**含飴弄孫**」之樂，隨著時代進步，現在我們就改換成陪伴他，一起遊玩、運動或學習，以啟發他的智慧，幫助他健康地成長，讓他度過歡樂的童年；這樣共享一段很珍貴的時光，就算是「含笑弄孫」啦！

陪伴孫子益處多　重溫童年笑開懷

人家蹓狗我蹓孫　祖孫同樂金不換

五、主婦苦樂篇

(一) 採得百花釀成蜜

家庭主婦，每天烹煮三餐，看似家常便飯，無啥稀奇；實則費心盡力，備嘗艱辛，其中實情，且讓我細說從頭吧！

清早整理家務時，便須仔細盤算思量：

今天要做哪幾道菜?主菜是豬、雞、牛肉或魚類?葷素要如何搭配?需買幾種蔬菜、副菜或配料?滿腦子的主意打定後，便趕緊出門採購去了。

有時，看見菜價突然高漲、材質欠佳或是缺貨了，只好臨時改換菜單，且走且看且買了；這時便像打野戰一樣，全憑機智取勝了。

市場雖然百貨雜陳，萬物皆備於我，但想湊合成幾道菜，卻須衆裏尋它千百度，得來全要費工夫呢！

例如要做「東坡繡球」這道菜，你得上東家肉店買絞肉，西家海產攤買鮮蝦，南家蛋行買雞蛋，北家雜貨舖買香菇及麻油、太白粉等調味料，此外，也要記得買適合墊底或配色的青菜喔！

精打細算，主婦眞像「會計」高手耶！

1. 市場像戰場

物料材質優劣的辨別，數量多寡的決定，全憑常識和經驗；

購買時，還需眼明手快，若稍顯猶疑不決時，還易招來賣家白眼相待！更要命的是，你要隨時提高警覺，明察磅秤秋毫，慎防黑心老闆偷吃斤兩，當了冤大頭；小心商家，以假亂眞，矇騙顧客，買到假貨，破財還不能消災耶！甚至以賤賣貴，存心坑人哪！市場如戰場，買賣兩對立，沒有誰是天生贏家啦！

此外，你想遊走市場，還得練就一身武功，面對連珠砲般的叫賣聲，你要有抗拒「魔音穿腦」的神功；遇到阻街擋路的推銷員，你能使出「金蟬脫殼」的逃生術；碰到人牆團團圍住或堆貨塞途等，進退爲艱之際，你得展現飛燕輕功，或鑽地鼠的本事，才能過關斬將，順利殺進、殺出呢！市場風雲險惡，你能屢次化險爲夷、趨吉避凶，方爲高手啦！

常見不少主婦在市場流連盤桓，看似悠哉遊哉，實則只爲尋奇攬勝，可免滄海遺珠之憾哪；又見有些主婦，五步一徘徊，十步再回首，彷彿心事重重，你哪知道，他們正在爲情一「菜價行情」所困，爲愛一「家人愛吃的」所苦啦！ 至於「長舌婦」的謔稱哪兒得來的?還不是天天爲了「貨比三家不吃虧」，愛多探問帶來的後遺症啦！

天天都是挑戰日，游走江湖當贏家！

2. 買菜費思量

有一次在肉攤前，一位年輕主婦，手上捏著一張密密麻麻的單子，怯生生地說：**老闆！我要七個半碗的里肌肉。**

老闆只顧低頭忙著切肉片，也沒吭半聲，直到她說第三遍時，老闆才回說：**請你直接告訴我，到底要幾斤肉嘛！**

她近似哀求說：**我就是不知道需要多重嘛！這菜單是別人開的，拜託你幫我算一下啦！**

於是老闆只好快速切下一堆肉片，再以手掌做碗狀，兩人忙著斤斤計較起來了；這使我想起，許多生手常要捧著食譜，依樣畫葫蘆的辛酸。

在魚攤前一位老太太，拖著空空的菜籃車溜過，熟識的老闆娘叫住她說：**張太太！我看你打這兒走過兩、三趟了，還沒買到合意的東西啊？**

只見她苦笑著說：對啊！市場裏賣的菜都差不多，家裏的菜卻要天天變換，眞是不曉得要買什麼好?轉得頭都快昏了，煩得頭髮都跟你賣的白鯧一樣白啦！

唉！買菜之難，難於上青天哪！

3. 巧手展神功

左手提一袋，右手又掛一包，再拖著沉重的菜籃車回到家，由不得你多喘幾口氣，就得快快展開去蕪存菁的工作；蔬菜要去頭切尾或削皮摘黃葉的，雞鴨要拔細毛、除穢物的，魚蝦要刮鱗去殼、清內臟的，還需要一再沖洗乾淨；然後再切長、短截，大、小丁，厚、薄片或粗、細塊等形狀；還有該斬、需剁、要剁碎、應浸泡的，或要先醃料的；有的材料得先經汆燙或過油鍋等，兩、三種處理工序呢！

工作時，你必須同時運用心到、眼到、手到、口到和耳到等五到功夫；稍一閃神，碎骨頭、魚刺兒，可是不長眼睛的；刀子剁到手、火苗燙傷你、熱油濺到臉等，這些不預告的突擊，準會讓你忙得沒時間去喊痛、去哭哭，去處理它哪！

各項食材打點就緒後，調理台滿檔的菜渣兒、魚腥物、汙垢物，你得一再清除、刷洗；**嬌嫩嫩的玉手，怎能不被折騰成皺巴巴的粗手呢！**

4. 烹調論成敗

接著就要下鍋去，煎、炒、煮、炸、燜、蒸或爆等功夫了。有些菜還得前後應用兩、三種工序才行呢！這時頭頂抽風機轟轟叫；眼看爐火猛竄舌，鍋裏熱油劈啪響，怎不叫廚娘的，心兒蹦蹦跳，手腳急忙轉，汗水直直淌呢！清秀的臉龐，怎不會被鍋面冒起的油煙，一日日地燻成黃臉婆呢！

其間菜餚火候的拿捏，可說增之一分則太老，減之一分則太生；鹽巴的斟酌，幾至錙銖必較之地，放淡了猶可補，放鹹了，可就無力可回天啦！最後該加醬油、要添黑醋、或放香油的，你摻入恰當，則收畫龍點睛之效，太多或缺少些，則是功虧一簣，準叫人悔恨終餐的。

眼看先生、孩子快下班、要放學了，屆時一個個進門聞香，像極餓虎撲羊，直衝廚房而來；滴溜溜的眼珠子，直往佳餚盯，美味嘗，這時，你怎能不加油快炒，快馬加鞭地，使出渾身解數，以滿足老饕們的五臟廟呢！限時完成的壓力，日積月累的後果，怎能不積勞成疾，換得了富貴手、腸躁症、靜脈曲張、腰酸背痛，甚至罹患了高血壓或心臟病來呢?

啊！做菜之苦，點滴寸心知！

5. 愛到最高點

剛起鍋的菜餚，熱氣瀰漫，香味噴發，色彩鮮麗油亮，展現烹調藝術登峰造極之境。這時，全家大小圍聚品嘗，不論是狼吞虎嚥或秋風掃落葉等各顯神通、百技雜出；只見各個眉開眼笑，談笑間，菜餚灰飛煙滅，盤底朝天了；大、小食客紛紛稱讚。

孩子說：媽媽！這盤「蝦皮炒莧菜」好好吃喔，謝謝你！

先生說：太太！「蘿蔔排骨湯」好清甜，超讚的，辛苦你了。

愛到最高點，把菜吃光光！

這是大家的共識，爲酬知音，主婦豈有不鞠躬盡瘁，拼命貢獻而後已。

6. 誠心的請託

不過，偶爾也有讓廚娘，心寒到冰點的時刻，那是「萬事俱備，只欠東風」的情景。眼看美食熱呼呼地端上桌，千呼萬喚還不來；於是青綠鮮蔬變褐黃；紅燒蹄旁結層油，鳳尾明蝦再不酥脆了！剃頭擔子一頭熱，賞光的人兒還不來，眞叫人淚眼問菜菜不語。

特別在此呼籲，懇求各位父老、兄弟、姊妹們，如果你家賢妻良母，下達召集令時，請你當下立刻到餐桌集合，

請別再當電視樹、手機蠟像或電腦植物人啦！否則，要是再執迷不悟，讓心愛的人兒，急得像熱鍋上的螞蟻，那可眞是對不起天地、良心的喔！

話說大夥兒，吃飽喝足後，就一哄四散，留下滿桌杯盤狼藉，待從頭收拾舊山河，自是非伊人莫屬了。

嘩啦啦的水龍頭下，悄悄地流失多少青春歲月，冷暖滋味也只有點滴在心頭了。

主婦辛苦你看到　餐後收拾請分扛
採得百花釀成蜜　為誰辛苦為誰忙

（二）主婦之樂

主婦工作地點主要在自己家裏，上班不必穿戴整齊，更不必出門擠車，飽受風吹、日晒或雨淋。還有特點跟好處多多呢，我且舉例如下：

1. 工作行動不受限

工作場所空氣好，沒有噪音、汙染或危險性；活動空間可隨時變換，烹煮三餐進廚房，疊被理床到臥室，擦桌椅去客廳、書房；洗衣、澆花上陽台，養鳥、餵狗到庭院，...。工作時可隨意走動，隨時可站立或坐下，想休息時還可躺下來耶！

家是主婦的管區，獨自治理，稱霸一方！

2. 僕從如雲任差遣

每天處理日常家務，操作駕輕就熟，而且僕從如雲，幫手多多呢！烹調三餐由電鍋、烤箱、微波爐負責，洗衣由洗衣機、烘乾機代勞，擦地由吸塵器、掃地機幫忙等。它們隨時聽候指令，不偷懶、不罷工、不請假，不支薪，提供二十四小時服務，而且全年無休呢！

家是主婦的天地，放眼世界，誰與爭鋒？

3. 自由作業無人管

主婦作息時間自訂，不必打卡、簽到；獨立作業，無人監管；工作項目，隨興輪換，常常還可一心數用，例如做家事時，還可一面播放音樂、收聽各種節目耶！

工作環境佈置優美，娛樂設備齊全，櫥櫃內擺放的各種藝品、飾物，供你賞心悅目；四時瓶花、美麗盆栽，讓你提神解勞；更有貓、狗寵物好逗樂，美妙歌聲隨身聽！

家是主婦的王國，縱橫天下，惟我獨尊！

4. 居家能知天下事

打開電視機，五花八門的節目，任君觀賞；全天候的手機、收音機、隨身聽，更是你的良師益友、貼身伴侶；它們都提供你最新時事、財經、教育、社會等新聞，讓你掌握世界的脈動；它更講授醫藥保健、理財秘訣、家事新招、御夫妙方、育兒經等，讓你成為走在時代尖端的新女性。

此外，包羅萬象的節目，隨時陪你娛樂、供你差遣。你可選播美妙的音樂，調劑、放鬆身、心，古典的、新潮的，藝術的、流行歌，應有盡有，高興時還可跟著曲調唱一段，隨著舞曲婆娑起舞幾圈；沒人跟你爭頻道，也不怕會吵別人。當然，如你想反客為主，那麼，錄影帶、隨身碟、唱片等，更是隨時候教啦！

家是主婦的天堂，逍遙自在，天天開心！

5. 發揮才能搞創意

工作時可發揮才藝，自由創作，那一天，心血來潮，來個「大風吹」，把傢俱重新佈置，桌椅、沙發擺設換個位置，壁畫更新圖片，盆栽移新位，多插兩盆鮮花，小狗換新裝等，讓家人眼睛為之一亮，嘖嘖稱讚！

三餐美食菜單，更可千變萬化，鍋鏟在手，任你調盡天下美食；吃膩了家常菜，換個酸辣口味，各地小吃吧！嚐嚐春捲、水餃、什錦麵；吃吃烤肉、火鍋、海陸大餐；或來個牛排、漢堡、壽司，…。主婦緊握神奇的仙女棒，巧手來回俐落揮舞，讓爐邊的彩虹，散發出誘人的色、香、味魅力，佳餚美點擺上桌，全家人立刻大快朵頤，吃得滿意又歡喜！

家是主婦的樂園，點石成金，妙造乾坤！

家庭主婦自由業　上班自主不受限
不斷精進和創新　管理家業求至善

（三）洗手作羹湯

我剛新婚不久，有一天外子的舅舅來我們家，我準備了午餐招待後，外子興奮地對我說：「舅舅很稱讚你做的菜很好吃喔！他還說娶個會做菜的太太，是男人家一輩子的口福呢！」

初次下廚，能得親長誇獎，確有幾分欣慰。不過。我的手藝僅止於家常菜而已。

那時，我陪伴婆婆住在中部彰化的老家，外子遠赴北部基隆去上班，每次在餐館吃了好菜，假日回家就跟我描述一番，趁著相聚的時刻，我倆便一起上街買菜，再下廚試做一番；我掌廚，他當顧問兼助手，做菜之趣樂融融。不過，這種無師自通的美食，只是我家風味獨特的「私房菜」吧！

1. 拜師學藝

外子曾提起說，台北有一家烹飪補習班，教授各式口味的名菜，他說，我將來有機會也可去上課；我當時還在家鄉擔任教職，這個願望只好暫時存放心底。

後來我轉職到台北縣「瑞芳高工」任教，並定居在瑞芳。暑假裏很悠閒。那時已身懷老大，有一天，他陪我上台北一家醫院，做例行產前檢查；就在火車上，他指著報上廣告說：「你看看！就是這家烹飪補習班，這一期又在招生，你趕快去報名吧！」

那時，全省只此一家，學費奇貴，我有點怯步，外子卻遊說我，要及時把握良機。上課後我才知道，學員都是想當廚師或要開餐館的，只有我是業餘進修的。

我的假期有限，只好參加「速成班」─每星期上課四次，每次二小時教三道菜；外子笑著說：「三乘四是十二，你學一道菜，回家就練習一次，我一週就能吃遍一桌酒菜，眞是太划算了。」看他那開心的笑容，好像整桌美食已呈現在眼前了。

2. 知易行難

第一次在家做「波蘿腎球」－鳳梨炒鴨胗，眞是窘況百出。先是切腎花，記得師傅說：「一定要在腎球內面劃斜紋，川燙時，外皮捲縮後才會變成球花的。」

可是我臨場卻猶豫起來，深怕萬一切錯面，豈不搞砸？忽又想起老師的話：「要是做法沒把握，就先花點材料，試做看看，不要等全部生米煮成熟飯了，就挽救不了嘍！」

於是我小心試驗後，果然做成了，心裏好歡喜，此後就牢記不忘了。接著是切波蘿片，上課時，眼見師傅輕巧的挖掉波蘿目，還叮嚀道：

刀要斜向波蘿面切，再切成扇形小片時，才有漂亮的凹凸邊花。

可是換我上陣時，手中的整塊波蘿卻轉來轉去，老覺得方向不對勁，最後才以「壯士斷腕」的勇氣下手，乍見第一片「傑作」時，才鬆了一大口氣。眞是事非經過不知難啊！

下鍋炒拌還滿順利，最後要勾芡時，眼看鍋內滾熱水氣漫騰，急忙把半碗太白粉水一舉倒下，結果不但湯汁黏稠，有的還糾結成粉糰，十分礙眼。

晚餐時，外子隨口誇讚幾句後，便笑著說：「不過嘛！我說了你可別生氣喔！這道菜要改叫『波蘿漿糊』才像啊！」

「嘻嘻！別取笑人家嘛！我現在知道了，勾芡時，要先把火關小，再將粉水慢慢添入，同時要一面攪和開來才對啦！」

「看你，多聰明，一點就開竅了，再多演練一段時間，必定會成為高手啦！」

「我要是成了大廚，你早就變成老饕嘍！」我說罷，兩人相向哈哈笑起來了。

3. 舉一反三

中式菜餚做法之多，可謂獨步全球，燒、烤、醉、焗、燻、糟、溜等幾十種類。其間火候的掌控，可說差之毫釐，失之千里；油、鹽、醬、醋、糖等調味料，需要何時放?分量要多少?更要有當機立斷的能耐，你調配得宜，則更增色、香、味；過猶不及，則功敗垂成，會令人食不下嚥的。還有蔥、薑、蒜、酒，或八角、五香粉等佐料的調配多寡，運用之妙，則存乎一心了。

有些菜式，因材質特殊或做工繁瑣，我就不「照單全收」或「如法炮製」，而是改換成類似材料、簡易的做法，反收「觸類旁通」之功效呢！

如此不斷用心研習，我由「依樣畫葫蘆」的模仿，更進而「舉一隅以三隅反」的創新中，漸能發揮自創的烹調訣竅了。每一次新的嘗試成功，就帶來一份新的喜悅；每當得心應手地做好一道菜，那份滿意的成就感，簡直比吃了那道菜還開心呢！

這時，餐桌上我倆就以湯當酒，舉匙代杯，相互慶賀一番。外子更是邊吃邊稱讚呢！那陣子，我們幾乎天天都在嘗美食，餐餐都是「慶功宴」，忙得不亦樂乎！

九月初開學上課後，接著女兒出生了，我忙得昏頭轉向，就只能利用星期假日，磨練一下烹飪功夫了。

大女兒快滿月時，外子興沖沖地說：「我們同事一定要吃女兒的『滿月酒』，我們自己來辦酒席，好不好啊？」

「不太好吧！請客一次要做十幾道菜，搞不好，弄巧成拙，多不好意思啊！」我說。

「溫故知新嘛！難得有機會實習一番啊！」外子滿心期待地說。

拗不過老公躍躍欲式的美意，我只好成全他了。

「好吧！那你只能說是「吃個便飯」而已，去補習的事可千萬保密喔！」我鄭重地說。

4. 名人名菜

請客的時間、人數確定後，便趕緊擬定菜單，趁著夜晚寶寶入睡後，兩人就趴臥床上被窩裏；翻看各種食譜；有許多菜，光看名字或彩色圖片，就令人垂涎欲滴了。

「喂！你看，有一道叫『左宗棠雞』喔！」他驚喜地說。

「是啊！我師父說過，那是清朝左宗棠將軍最愛吃的一道菜，所以就拿他的名字當菜名，附會風雅嘛！這也是食譜上充滿人情味的飲食文化耶！」

「好！這道菜入選了！」外子越翻越有趣，盡挑名人名菜；他還說：「你是歷史老師，把古今飲食典故，融匯入菜，才更夠味啦！」

我們花了三、四個夜晚，終於選定十二道菜，並另備二道候補的。我抄下每道菜的主、配料等，以便照單採購，可免疏漏之慌；菜單也依序寫好，貼在廚房，臨場按表烹調、上菜卽可。

至於碗盤、桌椅等，因席開二桌，只好向鄰居的業者租用。屆時我掌廚，外子當小弟兼跑堂；一切安排妥當，期望出師報捷，不負所學就好了。那幾天，我們忙裏忙外張羅著，也體會了辦喜事的樂趣呢！

外子的同事，都是大學的同學或校友，身爲工程師，上班時，滿腦子都是數字、鋼筋、混凝土的理科硬道理；求眞有餘，談美不足；因此工作之外，更須軟性的詩詞文學等休閒調劑。大夥兒都剛畢業不久，清一色的單身大男孩，難得相聚同樂嘛！

5. 詩話留香

「喂喂！你做的「左宗棠雞」很成功耶！你聽聽，餐桌上大家還在唸左宗棠的那首詩：

千里修書爲一牆，讓他幾分又何妨；

萬里長城今猶在，不見當年秦始皇。

這首詩是我添加的，因爲人在吃喝時，心情就輕鬆，肚量也就大了。話說左公當陝甘總督時，有次宴會，忽接家書；原來他的兄弟和鄰居爲爭奪一牆之地，竟要他出面解決。左公酒酣耳熱之際，卽席笑吟此詩回覆，可見其氣度多麼寬大了。

「左宗棠雞」跟「辣炒雞丁」很類似，因他經年忙著帶兵征戰，爲求士兵吃飯省時又快速，所以烹調時，廚師都先去掉雞骨頭，並切成小丁塊，方便進食；同時北方經常天冷，爲禦寒並提升免疫力，所以添加很多辣椒。這是我提供外子跟賓客說的開場白。

「來了！又來了！原來是（紅燒豬肉），好香喔！」有人歡呼著。

「這道叫（東坡肉）是宋代大文豪蘇東坡發明的，也是他最愛吃的，大家請趁熱快用啊！」外子招呼著。

「你怎麼知道呢?」有人笑問道。

「有詩爲證啊！」於是外子吟道：

無竹令人俗，無肉令人瘦；

若要不俗又不瘦，天天吃頓筍炒肉。

東坡居士不但愛吃肉，而且也是烹調高手唷！大家聽聽他的妙論：「**老夫聊發少年狂，左牽匙，右擎肉，水熟八分把肉投，關小火；添香料，俟時待機加醬油，闔上蓋，燜幾許，肉香撲鼻方始休。**」

「**好啊！眞是一家燒肉萬家香呢！**」有人說。

外子念完，大夥兒紛紛搶著要他手上的字條，搖頭晃腦吟誦著，逗趣地笑成一團了。

「眞看不出王哥這麼有文學細胞啊！」老鄭笑道。

「一定是王大嫂調教的啦！」有人猜。

「早聽說大嫂在學校是位名師，今天才知道她還會把歷史人物食譜，搬上餐桌，嘉惠食客呢！」小林俏皮地說。

「**沒什麼啦！菜名是食譜上早有的，只是多添些典故當笑料，調味一下啦！**」外子謙虛地說。

明代官方常以八股取士，蘇東坡文章最受重視，有如考生的「命題大全」一樣；當時民間曾有口頭禪：「**蘇文生，吃菜根；蘇文熟，吃羊肉。**」

「有那麼嚴重啊！書讀不好，就沒肉吃，倒很有警惕作用」小張幽默地說。

「還好！我讀不少蘇東坡的文章，才考取了『高考』否則今天就吃不到『東坡肉』嘍！」小林的妙語，直教人要噴飯了。

大夥而杯觴交錯間，談興正濃呢！

菜餚陸續地上桌，「西施炒蛋」、「蔣侍郎豆腐」等，每上一道菜，來賓就歡呼一陣，稱讚一回。

6. 大快朵頤

最後一道菜是「李公雜碎」。

「李公也是個大人物吧！喂！小李啊，還不快想想家譜，看是你李家那位阿公的傑作啊！」老趙打趣著說；逗得大家哈哈笑，也紛紛做起腦力體操來。

「大家先別猜，趁熱快用菜啦！」外子故意吊一下口。

「王哥啊！拜託趕快解開謎底吧！少一道調味我們就捨不得吃下肚啦！」老胡笑道。

「我說了你們都知道的，是—李—鴻—章。」

「喔！就是清朝名聞中外，專門吃洋人虧的欽差大人嘛！來來！換我講個笑話。」

於是小陳說：李鴻章有一次出使英國，首相請他觀賞「籃球比賽」他看了半天，卻說：「英國人怎麼這麼窮，還是太小氣，竟讓這麼多人，去爭搶一個球呢?爲何不多買幾個球給球員就好了嘛！」

「當時的大清帝國的外交大臣，還眞不懂發展『國民體育運動』的重要啦！」小李笑著說。

老張接著說：「李公也有一樁『焚琴煮鶴』的妙事呢！」

「話說他到英國時，曾到戈登將軍故居拜訪，戈登的家人便以一頭得獎的冠軍名犬相贈；過了幾天，卻接到李公的謝函說：「關於厚意，感謝之至，所贈珍味，幸快朵頤，特此致謝！」

「他吃得大快朵頤，人家可是氣得跺腳呢！」老張說罷，大夥而又爆笑如雷了。

7. 請問菜名

「王哥，這道菜很別緻，一定又是李公最愛吃的嘍！」

「是這樣的，當年他常和洋人打交道；有一次請客，都快散席了，一位外賓才趕到，主人只好吩咐廚子再補上個菜；這時廚房只剩些零星材料了，老廚師急中生智，趕忙把一小撮米粉炸成金黃色墊盤底，再把幾片魷魚、豬腰子、叉燒肉等，配上幾樣切絲青菜，湊合炒成什錦。上菜後，客人見五顏六色珍饈，十分讚賞，忙問菜名；這下子可慌了廚師，萬一被看出是拼湊的破綻來，可是大不敬，搞不好，還會破壞兩國邦誼呢！」

廚師們正著急的討論菜名，這時忽聞前廳李公爽朗的笑聲，老師傅靈機一動，從容走出來，恭敬地對客人說：「這道菜名叫（李公雜碎）是李大人專門款待上賓的佳餚美食。」

那老外聽了更高興，直說：「好菜！好菜！果然名不虛傳。」

「好菜！好菜！大家趁熱快吃啊！」老陳俏皮接口說。

大夥兒正聽得津津有味，一聽老陳及時提醒，趕緊回過神來，紛紛又提起筷子啦！

8. 賓主盡歡

「今天眞是太高興了，旣飽口福，又享耳福，眞是別具滋味的盛宴啊！」小林稱讚說。

「王哥啊！人家說：吃過孔『孔子』府宴，勝過活八仙。

今天吃了王府宴，也是賽過活神仙啦！」小趙誇口說。

「謝謝大嫂啊！巧手慧心，很會學以致用，敬佩！敬佩！」小陳雙手合十不停拜謝！

大夥兒散席時，紛紛點頭、稱讚！道謝不已，外子一直笑得合不攏嘴耶！

天曉得！我這個初試身手的廚娘，可像是醜媳婦頭一回見公婆呢！

做菜學問大又深　精益求精勤是岸

一餐飯食十年功　人人健康保平安

（四）勤搜食譜練功夫

我的職責和興趣，再加上用心盡力的結果，這些年來收集了好幾大箱的食譜，主要來源包括下列各處：

1. 機關團體贈送品

每次在報上或刊物上看到有免費、附回郵或須工本費食譜，我一定去信索取，例如：

*南投縣府農業局的「筍類食譜」。

*菸酒公賣局的「稻香料理米酒食譜」。

*台灣省政府糧食局出版的各類米食的餐點、壽司、飯盒、飯糰等食譜，連民國八十年印製的「米食日曆」，我也有收集。

*台灣省農林廳印製的「甘藷食譜」、「蔬菜食譜」、「芽苗菜食譜」。

*台灣省農會出版的「新鮮香菇食譜系列」。

*台北縣鰻魚生產合作社的「鰻食譜」。

*台灣省漁業局的「魚類食譜」。

*嘉義區漁會的「養殖水產品食譜」。

*台北市瑠公農業產銷基金會的「安心山藥」食譜。

*雲林縣農會的「大蒜食譜」。

*台北縣五股鄉農會的「綠竹筍干食譜」。

*台北縣金山地區農會的「美食上桌」食譜。

*中華民國養雞協會的「雞肉雞蛋家常食譜」。

*台北縣板橋市農會的「粽子食譜」。

*台北畜產運銷公司出版的「媽媽手冊」，有一系列二十幾本雞、豬、牛肉等食譜，內容簡單實用，我還分很多次， 到好幾家直營的超市去索取，拿來當「父母成長班」上課時，當獎品轉送學員，很受喜愛，也替該公司推廣一下，算是回報他們對社會的貢獻吧！

2. 食品廠商贈送本

有些食品製造或銷售廠商，爲了促銷產品，常會附贈或免費提供食譜，例如：

*大X電鍋、微波爐附送的「大同食譜」

*牛X牌快鍋贈的「快鍋食譜」。

*新X陽食品公司的「西式肉食品食譜」。

*李X記食品公司的「李錦記的調味品世家食譜」。

*金X湯公司的「金寶全席」。

*美國小麥協會印贈的「通心粉」及「蛋糕食譜」。

3. 飯店餐館搜菜單

我每次參加婚宴、壽宴或聚餐等機會，一定會先看看菜單，並試著推測其主要食材和做法，稍後上菜再印證，若猜對了，內心就有幾分得意；要是稍有出入，正可當場吃出它的特點。會後並帶走桌上食譜，往往吃一頓飯，獲得的附加價值也不少，不僅可品嚐食物內容，還能學會菜單取名訣竅，都是免費教材呢！

我收集的食譜有圓山、凱悅、喜來登、國賓、遠東等大飯店，更有不少聞名的餐廳、館子的呢！

曾有人說：**要讓太太學會做好菜，先生就要常帶她上飯館。**

我對搜集食譜的狂熱程度，可說是「**走過、看過、決不放過或錯過。**」下面且列舉幾個例子：

*在書店購買的食譜，像味全食譜、傅培梅、梁瓊白等名家的各類食譜。

*路過台北松山火車站前，攤販賣的口袋書食譜，是整套的包括雞蛋、雞肉、豆腐、蕃茄、洋蔥等，全部買回，毫不手軟。

*逛日、夜市書攤，出版社倒店貨，三本二百元或一本五十元等，抱回的一大袋食譜，連我的外甥賴X佑都知道我愛收集食譜；有一次，去逛台中的「逢甲夜市」，也及時搶購十多本的口袋書食譜，等我到他家見面時，立刻送我，他的貼心，眞讓我好感動耶！雖是倒店貨，卻不損減它的精彩又實用的內容，很多值得學習、參考之處呢！

此外，還包括我自己購買的，親朋好友贈送的，都是我的最愛，也很値得觀摩的。

*曾經上過我的「快樂父母成長班」學生，有人經營安親班、幼稚園、補習班等，他們每週的餐點菜單，也慷慨送給我參考。

*我兩位女兒就讀北一女中時，「家政課」作業所剪貼的好幾本食譜，她們學期過了，我就來個「你丟我撿」留存下來，物盡其用啊！

*我有一位住在基隆的陳姓學員，她家附近有一家超市，爲了配合促銷產品，贈送顧客的「每週拿手食譜」，她都收集起來，再用舊的記帳報表或大張日曆紙，一張張剪貼成冊送我，眞令我萬分感謝又感動。

4. 傳授學生寫食譜

在我教授的「快樂父母成長班」系列課程中，我一定會指導學生收集並剪貼食譜，我創造的名言是：

常常學食譜，你就變大廚。

學生每次貼好整張或成冊繳交，我立刻給獎品鼓勵，我批改作業時，見到好作品，就徵得學員同意，把它影印起來，分類後收藏，以便隨時參看。

在結業的成果發表會中，有一項「美食分享」單元，就是每人提供一道拿手菜，屆時互相分享、觀摩和學習，最重要的是，我事先教大家寫食譜的步驟，選定菜名的妙招，許多學員還用電腦打字或彩色圖案製作呢！

全班交齊後，再個別影印多份，並分裝成冊，封面標題命名爲「**食全食美食譜**」，每人各得一本，不僅現場成品可看、可吃、更可學，因每份食譜上都寫著學員姓名及電話，方便結業後，可再連絡請教，或互相切磋研究呢！學生個個頗能學到我的眞傳呢！

5. 幸有兒女傳廚藝

我的二位女兒，大概耳濡目染的影響，平時喜歡在廚房幫忙，動手實習當二廚；在她倆高中畢業，考完大學聯考的暑假裡，就先、後到「味X烹飪班」去補習，都擁有結業證書，成爲我後期的學妹呢！

她們常利用假日，就實習一番，做兩、三道桌菜，跟家人共享。有一次，她們的外婆和舅舅來我家作客，她倆還合辦一桌十二道酒席菜，外加甜點和水果請客，獲得長輩很大的讚賞呢！

大女兒後來，又去上月餅、糕餅等進修班，她能做十多種口味的蛋黃酥，比月餅名店賣的，更好吃、更漂亮耶！她自己還設計別緻的包裝盒，盒蓋並貼上她名字的封籤呢！牙醫師會辦酒席，又會做月餅，很有趣吧！

小女兒台大研究所畢業後，赴日本東京大學深造，三年期間，常常自己下廚做菜，不僅吃得營養、健康；她的住處還常成爲留學生的聚餐之所，能吃到台灣味的家鄉菜，大家都很開心，也能稍慰遊子的思鄉之情，更贏得不少的溫暖情誼呢！

我的男孩也學會做簡單的飯菜，還會照食譜做過很好吃的蛋糕喔！

後來兒子服務的醫院，曾公費派他個人到美國一家很著名的大醫院，專業深造研習某專科一年，他都會自己烹調簡單的家鄉味餐食，以滿足思鄉情懷。

他曾在越洋電話中對我說：「**很謝謝媽媽您的教導，從前在家裡，跟媽學會的烹調技術，現在都能派得上用場，生活就更便利了。**」

6. 廚房就是修道場

我從蒐集來的各類食譜中，多觀摩、學習、試做、演練，再檢討、改進或改良，也努力追求多變化或多樣化。

我一直都還記得，那年我剛新婚時，外子的舅舅來我家拜訪，我做了幾道很別緻的菜請客；舅舅在席間就對外子說：「**我們男人家能娶到會做菜的太太，眞是一輩子很大的口福！**」

媽媽主婦學會做可口的家常菜，自己在家做三餐，從挑選、採買，撿菜、洗菜到烹煮、調配食材，最後才能變成餐桌上的美食佳餚，其間每個細小環節過程，絕對會注重新鮮、營養、衛生，以及少鹽、少油、少糖等少三白原則，而且決不會添加色素、糖精、防腐劑、膨鬆劑、保鮮劑等。**唯一的添加物，只有濃濃的「愛」的調味料而已。**

我常對學生鼓勵說：

一回生，兩回熟，三回變高手。

只要努力做個「五心上將」廚師：

有歡喜心、嘗試心、學習心、創造心和精進心。

還有「五不功夫」精神：

不偷懶、不怕熱、不怕累、不嫌煩、不埋怨。

努力去做成營養又好吃的飯菜，贏得全家人的健康和讚賞，就是最大的成就和回報了。

在此順便呼籲一下，請各位父老、兄弟、姊妹們，對於太太、媽媽、主婦努力的付出和奉獻，要心存感激之心，更要隨時多多給她們誠心的讚美，及時多說幾聲「謝謝！」，以表達您的感恩之情，多多肯定她的辛勞和奉獻喔！

烹飪之道停看聽　廣集食譜勤練功
有志竟成是真理　一餐成就多費工

（五）拿回自煮權

自從人類發明會用火，就會自己烹煮食物來吃；可是後來，開始有人開設餐廳、小吃店、路邊攤，爲圖方便、省事，有些人就放棄了自煮的權利了。

我們每天靠著吃、喝、拉、撒、睡等的循環運作，才能維持身體正常的生活、生存和生命。其中尤以吃最重要，飲食是生命之火，吃出健康、吃出聰明，但也吃出疾病、吃出愚笨來。

1. 導正價値觀

在農業時代，盛行「男主外，女主內」的分工合作制度，而能維持家庭的和諧、圓滿。可是，現代的工商社會，唯利是圖，一個人的價値，往往會以外出，賺得多少金錢來衡量，一切都是向錢看的結果。

於是不少婦女紛紛放棄「無給職」的「家管」職業，從悶熱的廚房，走向涼快的冷氣房上班，以在外工作可獲得的薪水報酬，來證明自己的能力和身價。也頗有跟男人較勁的意味，看誰賺錢多，誰就是能力強，誰就地位高，在家講話就大聲許多了。

婦女走出廚房後，於是廚房的烹煮事務就停擺了，此後家裡沒有主婦煮飯，大家就不回家吃飯，撐住家庭結構的大支柱，頓時消失不見了，回家圍聚一起吃飯的美意，也隨著崩解、潰散而無影無蹤了。

一般人常在外面隨便吃，將就著吃，亂吃一通，時日一久，一定會危害身體健康的。那自己煮飯到底有那些好處呢！

2. 自煮益處多

（1）精選好食材

先從買菜說起吧！主婦上菜市場，一定會精挑細選食材，且精打細算價錢的；她會買當季及本地的蔬果，新鮮又少農藥。如果是餐廳採購的人，有些比較缺德的，只管照食譜上要的食材選購，主要以本少利多做考量；主婦買魚、買肉一定挑選新鮮貨，餐館則挑成本低廉的，常會買些過期貨、不新鮮的，甚至腐敗的食材，回去再用香料、除臭粉等醃製手法，加以掩蓋、粉飾味道。來瞞騙消費者，不知情的客人吃下肚，常會噁心、嘔吐、拉肚子，甚至引起腸胃炎，嚴重的還會中毒或死亡呢！

（2）料理重保健

再從料理烹煮過程中，從仔細撿菜、小心洗菜到下鍋炒煮等步驟，主婦都是盡心盡力做到完美；尤其烹調時，會嚴守新鮮、衛生和營養，及原色、原味、原香，還有少鹽、少糖和少油，堅守「少三白」原則。

我曾看過餐廳師傅或助手，洗菜時是把整顆或整把放進盆裏，只有泡一下水就撈起來切用了；不像主婦會一葉葉清洗，還會多沖洗幾遍，甚至用小小流水沖洗二十分鐘，以去除農藥呢！

至於炒煮過程，廚師爲求色美、香夠、味好，常會添加色素、糖精、保鮮劑、膨鬆劑、黏著劑等不良添加物，常食用就會引發腸、胃病或傷害肝、腎臟功能。而爲求口味好，就多放過量的油、糖、鹽、味素等調味料，常吃對血壓、血糖、血脂肪更是很不利。

還有，廚房衛生管理方式，像食材的保鮮、食具的清洗、炊具的保養、環境的整潔等，在家自煮的方法，跟餐館營業的處理方式，更是大不相同了。

（3）自在氣氛佳

全家人圍桌，一起享受美食，環境安靜，氣氛融洽，輕鬆交談，有說有笑的，或說說學校同學樂事，辦公室趣聞或時事笑談，親情愉快地交流，情感默默地升溫，時間也很充裕、從容。是一幅多美好的天倫樂的畫面啊！

要是在餐廳吃飯，不僅坐位擁擠，鄰桌交談吵雜，賓客或服務生，來回穿梭走動等，家人間交談、對話就大受干擾，氣氛就更糟了；有的餐廳還有「限時吃完」的壓力呢！這些不良情境，都會使進餐情調大打折扣了。

3. 解套良方

（1）多肯定感謝

各位先生或兒女們，如果你媽媽願意留在家中烹煮三餐，而不外出工作，你要懷著感恩的心意，多肯她的貢獻、付出和辛勞。隨時讚美她、感謝她；譬如兒女常說：

「媽媽，這道菜好好吃喔！」、「媽媽，你很會做菜耶！」、「媽媽，謝謝你！」

先生常說：

「太太！這道湯好鮮甜，好棒！」、「老婆，辛苦你啦！謝謝啦！」

能常常在餐桌上稱讚她，或說出感恩的話，會讓她感覺自己的付出、辛勞，能獲得讚賞、肯定或感謝。內心就會覺得很歡喜、安慰，或感覺自己的工作很有價值。

(2) 少批評挑剔

有些家人，常會有意或無意，在吃飯時，隨口批評菜餚不好吃、好難吃，或太鹹、太辣，還挑三揀四的，甚至會拒吃、罷吃；讓煮婦很難過、超傷心。

家人應該是用善意又婉轉的話語，建議媽媽，希望下次如何再改進，用比較尊重、有禮貌的口氣說出才適當。要感謝主婦辛苦地提供三餐給你吃，已是很幸福的事了。不過，主婦也需要把家常菜，多研發或參看食譜，努力求多變化和多樣化啦！

(3) 多幫忙協助

先生或孩子下班或下課回家，最好能到廚房幫幫忙，當個小助手，例如洗洗菜、遞個醬油，拿個菜盤等，也同時跟煮婦聊聊天，說說話，或談談今天在辦公室、學校裏，有趣、好玩、好笑的事，因爲快樂分享可增倍，也博取媽媽、太太的歡心嘛！

因爲主婦整天悶在家裡操勞家務，也沒有人可說話，你就行行好，說些新鮮事，讓她開開心，那也是疼愛老婆，或孝順媽媽煮婦的好方法耶！

還有，像開飯前，幫忙擺好碗筷，端菜到餐桌、準備沾料等事。或者用餐後，主動或輪流收拾碗筷、清洗碗盤、清理餐桌、廚房等瑣事，幫忙或分擔餐後工作，也是表達疼愛、體貼或孝順的好方法喔！

也許你會找藉口說：

我上班、上學已經很累了，回家還要我做家事啊！

但有人卻說：

變換工作就是休息耶！

4. 當下就回饋

你的愛護心、體貼情，會讓主婦感激不盡，而且會更加用心盡力，煮得更開心，做出更好吃的菜餚，回饋給你喔！

既然主婦願意在家自己煮飯，你才能在家吃飯，它的好處這麼多；所以家人要同心協力，鼓勵、支持和協助主婦，完成這件家事。

我是替很多媽媽煮婦說出心聲，提醒這件很重要的小事；所以，今後請多尊敬、看重和體貼，媽媽煮婦的辛勞和貢獻，隨時助她一臂之力，請不要把她當成免費的「台傭」，是天生來侍候你的喔！否則，就太對不起天地、良心啦！

各位父老、兄弟、姊妹們：請各位仔細想一想，這樣做，是否很合情又合理?想通了，就趕快去做，讓我們一起互相勉勵吧！

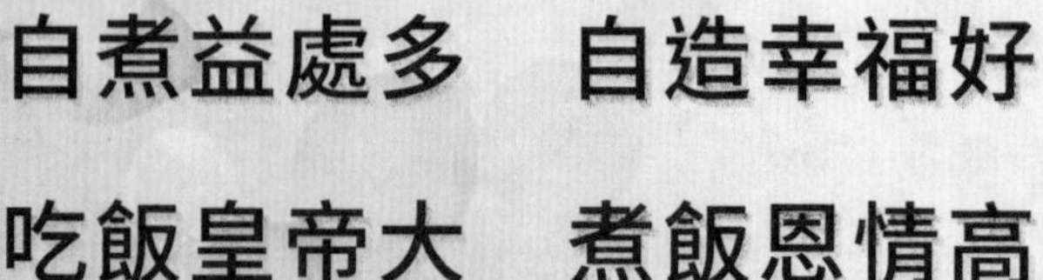

（六）主婦的天空

一般有孩子的家庭，全職媽媽和主婦的角色，往往合而爲一，有如一體兩面，很難以區分清楚的，且成效更是相輔相成的，我就說說我的親身經驗如下：

1. 親子一起成長

我的三個孩子會看圖識字時，我就時常帶他們上圖書館、逛書店或參觀書展、畫展等藝文活動。孩子們看童話書、漫畫書，我就專找「親職教育」的書或雜誌來看。

那時期，我不論讀書、聽演講或參加研討會，常是不離教育、營養、保健等內容，幾乎全爲燃眉之急的「在職進修」。

孩子們先後上了小學後，我變成了家庭教師，督促做功課、檢查習作、指導美勞等，都是義不容辭的事；孩子上音樂、繪畫、心算等才藝班，我也跟班當「旁聽生」，以便課後在家陪伴或督促練習一番。一切還是爲了「盡忠職守」媽媽本份而奉獻，卻也深得教學相長之樂呢！

三個孩子分別要升國一的暑假，我就陪著去上「英語發音班」，變成母子檔的同學；我報名參加，是爲了能跟在他們左右伴讀，每個孩子各讀一期，我卻連讀了三期呢！

記得陪老二在「青年服務社」上課時，學生大都是青少年，有一次老師隨堂測驗後，依分數高、低唱名發回考卷，第一名竟然是我，老師一見是位媽媽，脫口說：「**你們這些年輕人，怎麼可以輸給一個媽媽呢？**」全班譁然，此後便常有同學來請教了。

那位老師是師大英語系畢業，教學認眞又親切；記得她自我介紹時，爲方便同學記住，就說她的姓名倒著念叫「英國馬」，全班哄堂大笑，果然至今我還記得她呢！不過，我始終沒透露，我是她的校友呢！

三個孩子預先學好了發音，上了國中後，英語一直都讀得不錯，參加「北區高中聯招」都得高分；如今偶爾談起往事，他們也都不忘「老媽」，當年揮汗侍讀之功勞！

後來我自己又繼續補了幾期中、高級英文班，此後，在家看英語電視長片，能聽懂簡單對話，就覺得有趣多了；偶爾出國旅遊，方便殺進、殺出外，也常客串同伴的翻譯員呢！

這些進修活動，也算是因陪伴孩子們活動，而引來的附加價值吧！

2. 學才藝實用多

孩子漸漸長大後，我有較多自由安排的時間，於是找機會參加「插花班」，一窺花藝之道；有空就邀請家人到處看花展，欣賞各流派藝術之美，也是一大樂趣。平日買菜時，順便賞花、買花，家中隨興插盆鮮花，即可賞心悅目，又能提神解勞。自從參加「盆栽講習會」後，陽台上也種植了不少花木，家人隨時觀賞，家居消遣，自有一番花花綠綠天地了。

我也曾拜師學繪畫，雖是玩票性質，但卻因而把藝術氣氛帶進了家裡，還時常充任孩子畫圖的啟蒙老師呢！偶爾假日邀家人看畫展，更可權充「內行人」解說一番呢！同班有位吳姓媽媽，天賦很好，又特別用功，畫得一手夠水準的牡丹花，我曾多次陪她到畫廊推銷作品，還多次交易成功耶！外子曾戲稱我，此後可兼差當「經紀人」囉！

孩子都升上國中後，爲紓解功課壓力，星期假日常帶他們外出休閒、旅遊一番。爲了自己開車方便些，於是參加了「汽車駕訓班」，受訓期間，我卯足了勁演練，尤其在大熱天，每次一小時磨練下來，渾身就像洗冷水浴。

皇天不負苦心人，果然出師報捷，一次就過關，順利拿到了駕照。現在孩子們都上高中，我又可兼職當司機，接送上、下學，他們可節省不少擠公車時間，我也順便早、晚開車兜兜風，好開心哪！

3. 兒女升學顧問

老大讀國六那年，我就開始搜尋有關升學的資料；她升上了國一時，我就拼命去聽有關「家長如何助考」的演講會、討論會等，或剪貼報章、雜誌專文，舉凡營養、睡眠、運動、記憶妙方、考試技巧等問題，我都成竹在胸。她國三，我就學以致用，實際指導一番，幫助她考上理想的高中。如今，三個孩子都念北一女、建中，我也連續當了六年的考生家長。並被聽衆誇稱爲「助考專家」。說實在，我累積的經驗和心得，眞的可寫成一本專書，應該有助於正在備受煎熬的考生和家長呢！

孩子先後升上高中後，凡事較能獨立自主了，我便可積極擴展自己的空間；我喜愛寫作，先後參加好幾個「文藝創作班」聆聽著名作家傳授寫作的方法，也參加多期由「文復會」舉辦的「文藝研究班」，賞析中國古典文學之美。家管之餘，也提筆練習寫作，至今已在報上發表了近七萬字的散文，把十多年來當主婦，相夫教子的趣事，用輕鬆、幽默的篇章，寫下文字作見證，也是生活中一大樂事呢！

4. 萬物皆備於我

台北市區幾乎天天都有演講會、音樂會、戲劇展、舞蹈表演等，各式各樣文化活動，任君聆聽、觀賞；想要飽嘗心靈饗宴，眞是隨處可得。尤其是「社教館」更是集合各種藝文活動之大成，例如放映室、展覽室、市民講座、視聽教室等，提供多彩多姿的節目，供你充實心靈饗宴，追求眞、善、美的生活。

我因住在其旁，得地利之便，時常流連其間，樂而忘返呢！尤其是每星期六的「市民講座」，更是叫好又叫座；每回我都搶坐前排，並努力作筆記，曾多次被鄰座誤認爲是電台或報社記者呢！有一天聽了立委馮定亞女士講「生命的贏家」，又去地下室觀賞畫展後，才回家做晚飯；晚上又偕外子去欣賞旅法音樂家姜成濤先生的「中國古典音樂演唱會」，一天進出兩遍，眞是樂趣無窮哪！

5. 建立家庭文化

每次參與各種盛會，所帶回許多資料、圖片等，我常適時拿出來和家人分享或作簡介或談談心得、感想，大夥兒常聽得津津有味呢！我變成我家電台的主播；尤其是許多精彩的演講會，經我實況重播，更是妙趣橫生，大受歡迎呢！

平日先生奔忙事業，孩子們鑽研課業，無暇顧及其他藝文活動，因此，由我一人出擊，即可全家受益，何樂而不爲呢？

有時候，我覺得自己像是家中的千手觀音，早年要推動搖籃的手，教養出好兒女；經年要推動菜籃的手，守護家人的健康；如今更要施展三頭六臂，不斷追求成長，爲提升家庭生活品質而努力！

主婦的天空可以無限的寬廣，重要的是她必須永遠保有一份上進心和求知慾，隨時塑造一個全新的自我，並建立良好的家庭文化，做一個跟時代同步前進的新女性。

主婦盡本份之暇　外出學習不可少
多才多藝增情趣　提升生活品質高

（七）主婦的結與解

家庭主婦在身分證上的職業欄是「家庭管理」，簡稱「家管」，主要角色包括兩大部分，就是媽媽和主婦，其實工作內容是一體兩面，相輔相成，很難區分清楚的，例如煮飯是主婦的工作，但是，吃飯要營造歡樂氣氛，卻是媽媽要帶動的事了。

簡單地說，主婦比較偏重管理家庭的物質生活，滿足民生衣、食等六大基本需求；要想做到令人滿意已屬不易了；更何況還要加上，媽媽精神層面的照顧，如保護、關愛、陪伴等，那就更難做到十全十美了。

我至今已當了五十多年的全職媽媽和主婦，多年來跟許多同業的交流、探討及省思結果，頗有「家管」難當之嘆，且有許多外界不瞭解，或家人不配合之事。現就提出下列各項心結和化解之道，說明如下：

1. 工作時間無時限

心結：

沒有上、下班時間，幾乎是像24小時不打烊的便利商店；尤其有嬰幼兒的家庭，要日、夜照顧吃、喝、拉、撒、睡等，孩子隨時出招，你得及時接住；否則，他就給你哭鬧得天翻地覆。

媽媽主婦有了孩子後，其影響的層面有多廣，犧牲有多大，我且把曾在「小燕有約」電視節目中，訪問幾位女賓，她們都是有嬰、幼兒的新手媽媽，所吐露的幾項要點作參考，**有了孩子這些都回不去了：**

*小孩的尿布、玩具、奶嘴，比口紅還重要。

*身材變胖，少女的衣服再見了。

*一覺到天亮，眞的好奢求！

*手機裡永遠都是兒童資訊。

*逛街買的全都是小孩的東西。

*應酬、聚會全都out。

這些重要的養育小事，埋首熬過幾年後，接著念國小、國中、高中時的任務，更加艱難，像每天接送上學、補習；晚上熬夜盯寫功課，協助收集課外教材等，可眞是沒完沒了耶！時常要當千手觀音，一人當數人用，日夜疲於奔命了。

化解：

照顧嬰幼兒，如果有同住的父母、手足或親人，可請求排班、輪替一下，或協助分擔做些家事；若是經濟能力許可，就可請個計時保母或幫傭當助手；輔導孩子功課，可請個家教，或送去安親班、補習班等；要不然就是必須，培養孩子及早自立能力，才不會把自己累垮了。

2. 工作項目多又雜

心結：

家中生活的瑣事繁多又複雜，而且不分時、地，你都得隨傳隨到，怠慢不得。否則家人就「生」的不自在，又「活」的不方便了。家事是：**做好了看不見，做不好就發現。**

例如洗衣服這件小小的大事，要是有哪一天，主婦一早出外辦事，沒空洗或太晚才洗好，夜晚被發現了，孩子就大叫：

媽啊，我要洗澡了，內衣褲怎麼還沒洗呢？

老公也喊著：

老婆啊！你今天在家到底在做什麼事?我的衣服怎麼還沒晾乾呢？

這時，你瞄到他們埋怨的眼神，就像是自己犯了大錯，被逮到的小孩，又是羞愧又是自責不已。

事無分大小，人無分長幼，剛剛這邊才叫著：

媽啊！快來了，我的湯碗打翻了！怎麼辦？

那邊又喊起：

老婆啊！快過來打蟑螂啦！救命啦！

主婦若沒擁有百般才藝，和矯健身手，哪能應付得了家中少爺、大爺的需求呢！

化解：

主婦眞的忙不過來，可考慮聘請計時的管家或傭人協助；還有可縮短工時，例如家裡如每天髒衣服不多，就兩、三天洗一次就可；不過要規定內衣、褲要在洗澡後，自己要隨手洗淨並晾好。星期假日，規定孩子自己洗學校制服和鞋襪等。

自己也要設定作、息時間，主婦在做完一、兩項家務後，就安排一小段時間休憩或消遣，放鬆身、心壓力，以犒賞自己，例如泡杯茶、吃個點心、聽聽音樂或看看書報、電視等。

更可跟家人協商好，宣布晚上八或九點以後，就是「媽媽時間了。」，不再提供任何服務；這時段只做自己想做的事，如看書報、寫日記或要休息、上床睡覺等，家人絕不可再要求，幫他多做事了。

主婦要做好「時間管理」分配好每一件工作的時間，堅守「限時完成」要訣。例如「擦地板」這件事，若你設定花二十分鐘做完，你要把最髒的重點如客廳、廚房、廁所等先擦好，再依序把其他部分擦一遍，等時間一到，就丟下抹布，算是完工了；更可請先生或孩子分擔的，甚至訂立「工作輪值表」，照表操課，你只負責稱讚、說謝就行了。

3. 工作環境又受限

心結：

家庭主婦每天在家操持家務，可說是「日行千里，足不出戶」了，在廚房煮三餐，到房間整理，去客廳擦桌椅，走到陽台洗衣服等，活動的空間很受限，頗有到處碰壁的感覺。眼光既無法看遠，心胸又要如何能開闊起來呢！

化解：

可利用外出買菜、購物或去郵局、銀行辦事時，順便去公園逛一圈，或沿途欣賞一下花木，看看藍天白雲等風景。

先生、孩子上班、上學時段，你就是單身貴族，你就可自由外出看畫展、花展，聽音樂會、演講會或參加各種才藝班、父母成長班等；吸收知識維他命或心靈大補丸。以增廣見聞，開拓視野；並在同儕團體中，認識志趣相投的夥伴，成為知己好友，抽空打電話交流，或聚會聊天，以擴展生活圈。

也可在假日時，換先生、孩子下廚，變換一下菜單或新口味。更可全家外出遊玩或家中暫停開伙，外出吃頓美食。讓主婦喘口氣，休息一下，可別家人開心休假，讓你在家辛苦加班喔！這是非常體貼的功德耶！

我常說：**要讓主婦休息，只有讓她離開家裡！**

如此，讓自己轉換環境以改變心境，變換工作就是休息嘛！主婦自己也要多多爭取喔！

4. 無法觀摩做參考

心結：

現代的核心小家庭，上無公婆給予指導，中無妯娌可交流。下無小姑、小叔可幫忙。更何況每家的生活環境、經濟能力、成員喜好各不相同，很難觀摩參考，主婦幾乎都是單打獨鬥做事的。加上現代人注重隱私權，很少到親友家中作客，更無從互相學習了。

化解：

因此，主婦只能靠自我積極進修，參考食譜或教育專書等；參加各種成長團體，例如社區的烹飪班，學校的父母成長班等。看書報的家庭版、婦女版或聽廣播、電視相關節目等。也可趁著參加各種活動，如上課、聚會或聊天時，把握機會向同行請教，例如管教兒女或創新的食譜等。尤其是每天三餐食譜的變換，我就常建議說：**要讓太太變大廚，先生要常帶她上館子！**

5. 有限時完成壓力

心結：

主婦的工作看似自主又自由，其實也有「限時完成」的壓力，例如三餐飯菜要準時上桌，太早做好卻放涼了，口味就差多了；偶而延誤了開飯時間，就看到飢腸轆轆，苦苦等候的眾生苦相，會讓你像是犯了滔天大罪般的羞愧。

更困難就是，三餐是不能一次準備，再分次供應，尤其是中菜或台菜，大部分是要熱炒、現做的熟食，三餐供應時段必要拿捏準確，準時煮好及開飯；遇到家人不配合，沒及時圍桌就食；一旦菜放久就會涼掉，肉類上面就結一層油花，海產口感就變老不脆了，青菜就由鮮綠變褐色了。要是家人見此慘狀，倒盡胃口又不肯勉強賞光，擺明是消極抗議、罷吃了，煮婦只好淚眼對菜菜不語，徒勞無功的煮婦，只好自作自受，猛往自己肚裡吞，難怪會有大腹婆、垃圾桶的謔稱，飽受委屈的冤情，要去向誰訴苦啊！

化解：

這一個難題，必須請求家中成員配合、協助、體諒才行；家人最好抽空，能提早到廚房幫個小忙，撿個蔥、遞個醬油或擺碗筷、端菜上桌等。都是體貼主婦的善舉。

主婦可規定三餐固定開飯時間，請家人準時出現圍坐餐桌，別再三番兩次要喊叫、催趕才來。在此鄭重呼籲：**各位父老、兄弟、姊妹們，請別再當電視樹、手機蠟像、或電腦植物人啦！**

要多多體諒主婦的辛勞，配合她的作業程序，別讓她的苦勞和愛心，拌和著淚水和青春，像水龍頭的水，悄悄地流逝了；你能從此改過自新，則她就感恩不盡啦！

此外，煮婦處理剩菜的方法，就是規定當餐大家要分攤吃掉！飯後家人要洗碗筷，和收拾桌面，最好訂立一個輪值表，大家輪流清理；要不然，就是個人吃飽自己洗碗，最後吃完的就負責清理盤子和桌面。請各位家人，務必要體諒主婦做飯已夠辛勞了。絕不能再讓她收拾善後了。

還有，要是你遲到或晚歸，媽媽幫你留下的飯菜，請你要自己加熱，吃飽後要收拾餐具；請不要再勞煩煮婦，再額外爲你加班喔！

6. 缺乏受肯定讚賞

心結：

主婦平常料理三餐做菜，大多是一般簡單的家常菜，不可能是大魚大肉的宴客菜，雖平淡卻有奇趣，注重的是有益家人健康的新鮮、營養和衛生，而且是考量全家人的喜好而訂做的，唯一的調味料就是「愛」。

但是家常便飯，就像空氣一樣，你雖不可或缺，但太平淡無奇了，就不易察覺它的存在；一般家人對煮婦的用心盡力的歷程，常視若無睹，常認爲是一件稀鬆、平常的事，忽略了給予肯定她的犧牲和付出。忘記要隨時給予讚賞、鼓勵和說謝。

化解：

譬如先生要常常跟她說：「**太太，做飯很辛苦，很謝謝你！**」或說：「**你做的肉羹特別好，謝謝您喔！**」

孩子要對媽媽說：「**你做的清蒸鱸魚好鮮美喔！謝謝媽媽！**」或說：「**媽媽吃你做的菜，我覺得好幸福喔，謝謝妳！**」

更要記得在每次吃過飯後，就隨口說一聲：「**謝謝太太或謝謝媽媽！**」

如此舉口之勞，感謝話語雖是「口角春風」，但媽媽聽到了這樣肯定、讚賞又感激的話，就會忘掉所有的辛勞，更覺得她的付出很値得了。請別把媽媽當免費台傭，認爲她的服務是理所當然的喔！

7. 沒競爭靠自評量

心結：

主婦工作場所主要在自家，又常是單打獨鬥，沒有可比較或競爭的對手，因此，是否做得好或壞，也無從給予打考績、評優劣，這就造成主婦的盲點。家事是否做得勤快，菜單有有無常變換，有的積極、樂觀地工作，也有懶散、怠惰不盡職的。因此，大家對主婦的評價就見仁見智了。只有自己的家人，才能清楚感受得到。

化解：

孟子曾說：**學問之道，求其放心而已。**

我也借用說：**主婦之道，求其放心而已。**

也就是主婦工作的成效，全憑「自由心證」，唯有透過學習、覺察、反省，不斷地改善、改進或改變，精益求精，自我鼓勵才行。

主婦是應該做自我評量一番的，例如：常常問問自己，**我是否有盡心盡力，做好管理家務的職責？**我們家人相處感情是不是越來越親密？孩子越來越孝順、功課有進步？先生越來越體貼、互動更良好？財務越來越成長?家業是否蒸蒸日上？

8. 缺乏自我成就感

心結：

媽媽兼主婦所做的工作，就像是服務業，提供的項目都只是生活中很重要的小事，各種過程做完後，就沒有留下任何跡證，或看見具體成果，好像是從沒發生過什麼事一樣。例如一日煮三餐，家人又沒看見主婦買菜、做菜的辛勞；坐進餐桌後，像蝗蟲過境一般掃空後，拍拍屁股就一哄而散了，好像船過水無痕一樣，主婦辛苦打拼的成果，就無影無蹤地歸零了。

此外，像做菜、洗衣、擦地等，常常要低頭、彎腰、站著做事，而且日復一日地重覆做，消磨掉了她的青春歲月外，更因長期過勞而累出一身病來，像彎腰駝背、腰酸背痛、靜脈曲張等，更有罹患了肺癌、心臟病、高血壓、膀胱炎等職業病。

化解：

自己設法找到好幫手，使用新式的炊煮器具，像快鍋、烤箱、悶燒鍋、微波爐、萬用鍋等；多利用洗衣機、烘乾機，掃地機等好幫手。主婦工作才可省時省事，節省體力和時間，保住青春和健康，也才有空閒陪伴家人啊！

更重要的是，主婦自己要培養一項興趣、嗜好、娛樂或專長，每天要抽出固定時間，做自己喜歡的事，如看書報、寫作、才藝、編織、做運動或學樂器等，就可當消遣、娛樂或成長，調劑生活、放鬆身心壓力。

主婦也要安排努力培養一技之長，像業餘學習買賣股票、做房屋仲介或保險推銷員，也可參加各種技藝訓練班，像美容或美髮，水電修繕班，西點蛋糕等，除了可當業餘打工賺錢外，萬一先生生病或失業，你才可代替工作，賺錢養家，有備無患嘛；尤其是將來孩子長大後，家務減少很多了，而你又進入空巢期後，就可以二度就業，發展事業的第二春，這樣讓日子過得很充實，生活有寄託、有希望、有夢想，並可擁有自我成長的成就感。

9. 應該有半退休制

心結：

一般外出工作的上班族，都有年老退休制度，還能擁有一筆退休金，過著悠閒的日子；而家庭主婦，因從事家務管理，不但沒薪水收入，更沒有退休金耶！

應該在兒女長大後，偶而可以不在家煮三餐，買便當、外食或外送，家事也由退休的先生或成年的孩子分擔大部分。我提出這樣的建議，也是許多資深主婦的心聲，請大家能體貼地盡力做到吧！更何況當初結婚時，並沒有約定主婦一定要一輩子煮飯、洗衣、做家事啊！

化解：

據媒體報導說：日本政府有規定，公務員在退休時，主管機關會把先生退休金的一半，直接匯入在家當「家管」的太太帳戶，以酬謝她長年在家庭中工作的辛勞。若是屬實，則台灣政府也可辦理啊！

還有據說，在日本有些銀髮族的家庭主婦，不甘心一輩子只當「**賢妻良母**」，在孩子長大，先生又退休後，就選擇離婚，要快樂做自己呢！我們台灣當然不必學他們，但是，對家庭主婦的重要地位，也需要在觀念或行動上，有所改進或改變吧！

10. 應給予看重尊敬

心結：

從前農業時代，女子受限於體力差或知識少，只能留在家裡做家事，所以才有「女子無才便是德」的說法，那時候，若有人問起你在哪裡工作，主婦常會自卑又小聲地說：我沒有工作，**只在家中當「閒妻涼母」**——很清閒的妻子，和很涼快的母親。

但是現代有不少受過高等教育，能力又很強的婦女，結婚生子後，爲了家庭或兒女，願意放棄高薪的職位，而回歸家庭當專職媽媽和主婦。並且把她們的智慧和才能，發揮在經營和管理家庭的家業上，當一個好媽媽和好主婦，成爲穩定家庭和社會的菁英分子。

她們雖沒有外出上班賺錢，但在家裡掌管家務，不必請管家或佣人，節省許多花費支出，省錢也就等於是賺錢啊！

化解：

因此，我給現代的家庭主婦，取個「**現代家務卿**」的稱呼，就像美國總管全國事務的「**國務卿**」，家、國雖有大小之分，職務及貢獻，並無輕重之別，如此來提升她們的社會地位，並且能喚醒大家的重視、肯定和敬重。因此，下次，當你問她的職業時，你最好這樣說：**請問您是在家工作？還是外出工作呢？**

而家庭主婦，也可充滿自信地大聲說：

我是在家工作，我是擔任我們家業的CEO！—執行長。

全職媽媽和主婦，就像是擁有魔法般的吸引力，讓家人相親、相愛、相幫助，讓家成溫暖的安樂窩。

可是，專職主婦的辛酸滋味誰能了解，尤其是每天要按時煮三餐的煩惱，我試拿愼芝塡詞，陳致遠作曲的「最後一夜」，塡上我的感想如下：

主婦之歌

踩不完來回腳步　看不盡菜場百攤
難下手買哪一樣　又急著回家
做不完的家務事　天天要煮的三餐
家事豈止千百樣　空對髒衣愁
我也曾陶醉在自由自主　像燈光旁的飛蛾
我也曾心碎於匆忙廚房　滑倒在火熱爐旁
酒足飯飽喘口氣　此刻該向它告別
餐後人散　回頭一瞥
嗚嗚嗚…　碗盤狼藉

當今現代家務卿　十八般武藝樣樣行
三頭六臂展身手　應贏得敬佩和讚頌

（八）媽媽主婦月薪知多少

家庭主婦應不應給薪水?要給多少才合理呢?

這是長久以來廣受討論的議題，下面是我收集到的各方意見或評論，提供讀者參考：

1. 立委的估算數目

台灣的「月薪嬌妻」薪水應多少？

——立法委員李麗芬幫妳算出來了！ 從網路轉載

2017/01/07 08：51「即時新聞／綜合報導」

近期相當熱門的日劇「月薪嬌妻」是許多人聊天時的話題，劇中男女主角的關係建立在契約婚姻之上，將家庭勞務納入金錢計算。這與傳統家庭中，將家庭勞務視爲義務相當不同，傳統家庭中，女性留在家中處理家務、照顧小孩，沒有假日，沒有薪水。但是家務工作相當複雜，爲此我們也做了一個有趣的計算。

家庭勞務內容對應至以下職務，同時我們也將其月薪「單位：元」列出：

*「CEO」-高階主管「總經理及總執行長」：175,800

*「心理支持」-社工、心理專業人員「含諮商人員」：43,298

*「煮飯做菜」-廚師：39,689

*「照顧小孩」-兒童照顧人員「含保母」：24,060

*「保全」-建築物管理員、保全及警衛人員：31,090

*「洗衣服」-洗滌工、熨燙工：28,803

*「司機」-小客車、貨車駕駛人員：35,386

*「打掃清潔」-清潔及家事工作人員「含建築清潔工」：24,311

有趣的是，上列職務中高階主管一職，是由於家庭勞務形同企業中的高階主管，不僅要有領導能力、溝通能力，更要能聽取意見、以身作則。

最終我們以平均勞工一周工時40小時，有周休二日，且能於工作日，準時下班的前提下進行計算，將各項工作按比例分配時數，最終得出一位家庭主婦所負擔的工作，應換算成月薪45,958元。

雖然是非正式的模擬，但這個簡單的計算，讓我們瞭解到台灣主婦家務工作價值，也因此我在此對台灣主婦獻上最高的敬意，您辛苦了！

2. 媒體的轉載意見

家庭主婦好辛苦 換算月薪45K！　從網路轉載

華視 – 2017年1月7日 下午6：58

日劇月薪嬌妻爆紅，但您覺得家庭主婦的月薪應該要有多少？就有立委對照了一下家庭主婦做的工作，像是打掃一個月的薪水有兩萬四，佔了主婦12%的時間，煮飯和照顧小孩，各佔25%，換算薪水一個月應該要有四萬五，不過我們也實際詢問主婦們，有人說一般上班族、上班時間8小時，家庭主婦的工作時間是24小時、四萬五實在太少！

這可是領薪水的契約結婚，日劇「月薪嬌妻」，契約結婚有薪水可以領，但是太太們，你有沒有想過，如果有一天，主婦的工作可以領錢，你的薪水應該會有多少？工作八小時，我們24小時，到底可以領多少錢呢？

立委李麗芬和助理就做了這一個表格，從洗衣、保全、照顧小孩，到當司機、CEO還有心理支持，夯不啷噹算一算，答案出爐！在台灣當主婦一個月薪水，應該要領4萬5958元！但這是以周休二日，還能準時下班來計算，只是媽媽們哪有所謂的下班時間，所以，到底要領多少錢？恐怕只有這個答案可以選：無價。

3. 媒體的調查結果

媽媽薪水該給多少？女性認爲月薪應逾5萬3

1111人力銀行調查 從網路轉載 - 2018年5月月8日

母親節將屆，媽媽是主要家務承擔者，全年無休，據1111人力銀行調查，受訪女性上班族認爲，媽媽的角色若能計酬，月薪應要有新台幣5萬3031元才合理。

這個數字，比起主計總處公布的民國106年每人每月平均薪資4萬9989元，還要高出逾3000元，顯見女性上班族認爲媽媽的角色付出比一般上班族更多，也更加辛苦，因此薪資回報應更豐厚。

1111人力銀行今天公布「職場女性身心調查」，調查顯示，女性上班族認爲另一半月薪至少要達到5萬1872元，才敢步入婚姻殿堂；家庭總收入則要達7萬4965元才敢生小孩。另外，有7成6已婚女性曾經因爲錢不夠用，和另一半曾發生爭執。顯見家庭收入規劃與分配，是婚姻中相當重要的議題。

近一步交叉分析發現，已婚未生育的女性，對於生養孩子的要求最高。調查顯示，她們期待家庭總收入要達8萬5326元，才願意生兒育女。反倒是已婚且已生育的婦女，認爲家庭總收入達到7萬3214元，就能夠養小孩，兩者落差逾1萬元。

對此，1111人力銀行副總經理何啟聖表示，已婚卻未生育的女性，因爲對婚姻品質的期待高，在生育小孩之前，對於生活品質、家庭收入的要求最高，相對壓力就更大，但對已經育兒的女性來說，回歸現實，更能以實際的狀況來估算生養小孩所需要的費用，與耗費的心力。

何啟聖表示，媽媽的角色全年無休，需要24小時付出，一般上班族總有假日，可以好好放鬆，但當了媽媽就再也不會有「睡到自然醒」的日子。除此之外，媽媽需18般武藝樣樣俱全，幾乎所有的家務，都被認定是媽媽的工作職掌，要整理家中環境、打理三餐、接送小孩上學、指導小孩學業，一旦孩子有病痛更要隨時待命，辛苦指數超高。

何啟聖表示，實際上，媽媽不但沒有薪水領，還要從口袋裡拿出工作所得。因此長遠看來，要維持媽媽的身心健康，家務應該要共同分擔，不要讓媽媽獨挑大樑，家庭分工才能更健全。

4. 媒體的評論

家庭主婦要計薪，丈夫可能請不起？

立委調查：台灣嬌妻工作量換算月薪4.6萬起跳

經濟日報 小花平台保險+　2022/05/10

你知道嗎？如果家庭主婦要計薪，絕大多數的丈夫可能請不起！根據一項由國內立法委員統計結果指出，台灣「月薪嬌妻」每個月薪資約爲新台幣4.6萬元，1年下來也要55餘萬元，比起其他許多職業來說，算是一份相當優渥的待遇；不過，根據統計，家庭主婦這份工作需要兼顧多個面向，包括：煮飯做菜（25%）、照顧小孩（25%）、洗衣服（12.5%）、打掃清潔（12.5%）、CEO（10%）、心理支持（7.5%）、司機（5%）及保全（2.5%）等，依照各個相應職業和工作比例得出台灣「月薪嬌妻」每個月可以領到近4.6萬元，一個人身兼多職，並非每個人都可以做得來的！

據了解，「近4.6萬元」這個數字是以平均勞工每周工時40小時、周休2日，再將各項工作按比例分配時數，其中包括：煮飯做菜平均月薪39,689元，照顧小孩平均月薪24,060元，洗衣服平均月薪28,803元，打掃清潔平均月薪24,311元，CEO平均月薪175,880元，心理支持平均月薪43,298元，司機平均月薪35,386元及保全平均月薪31,090元，最終得出每一位家庭主婦所需負擔的工作量可換算成月薪近4.6萬元。

5.有給職 早有立法

中國時報 2017/01/10 劉心月

立委李麗芬從最近很夯的日劇「月薪嬌妻」得到靈感，製作了台灣月薪嬌妻的工作比例圖，參考勞動部職業類別薪資調查後，依照家庭主婦所負擔的工作，計算出其合理的月薪約爲45K。

日劇「月薪嬌妻」講述一對男女展開「契約結婚」的生活。他們外表看來像是一對夫妻，但其實兩人是聘雇的關係：「先生」是雇主，「老婆」是雇員；老婆負責打理家務、無微不至地照顧老公的生活，然後老公每個月支付她工資。對長期失業的女主角來說，這是一份穩定的工作；而對男主角來說，付了薪水之後，每天回家都可以享受清爽雅致的居家環境，還有熱菜熱飯可吃，相當理想。事實上，

「民法」早已落實了「家務有給制」的精神，第1018條之1規定：「夫妻於家庭生活費用外，得協議一定數額之金錢，供夫或妻自由處分。」

這項新增條文的立法目的，正是爲了保障家中從事勞務之配偶，讓她／他們在請求家庭勞務處分金時，可以有法令依據。

這樣的立法精神有二大前提：

(1)夫妻是類似合夥關係。

(2)家務乃有價勞動。

不過，雖然家務「有給制」已於法有據，社會上還是有不少歧見。畢竟婚姻之成立既是契約的關係，也是情感的產物。或許契約行爲，可以用理性計算其權利、義務，但感情的事，卻很難全憑法律條文來定奪。「家務有價」觀念的源頭不只是經濟學，更是平權課題。

日劇「月薪嬌妻」裡，同在一個屋簷下的男女主角，當然不會

一直停留在「雇傭關係」上，因爲人有純粹功能性之外的需求，最終兩人還是要面對情感的呼喚。

6.請大家思考評理

以上是收錄李立委及媒體的各種看法和意見，他們都一致認爲「家庭管理」的職務是有價的。而且也計算出價值多少做參考；很多媽媽和主婦，也都認爲有必要訂出一個確定金錢數目，用國家立法給予保障、認定。讓媽媽或主婦成爲「有給職」的工作，有薪水收入的職業，才能夠受社會大衆尊重或認同，以肯定她工作的代價；這是在當今功利社會，一切用金錢來衡量一個人的價值下，應該與時俱進的改變作法；不再以傳統的偉大、奉獻或無價等，空泛又籠統等不切實際的讚譽，輕易又迷糊地帶過就算數了，這也是很多媽媽的心聲和期望。

明確的給她有薪資收入，以國家立法給予明白規定，可清楚確定她擔任職務的價值，至於實際上丈夫或家長是否付得起，或實際上有沒有付給，就要看雙方的協議，那又是另一回事了。

媽媽主婦功勞大　給付薪水當酬勞
看重肯定她值得　提升地位大家好

（九）會生病及沒工作的媽媽

下面兩篇文章，我摘錄自網路文章，但我有稍加修飾幾個字，提供讀者更認識媽媽主婦的眞相和價值。

1. 會生病的媽媽　摘自網路文章，但沒署名

一位媽媽常覺得自己過得悶悶不樂，身、心常有不少病痛，更時常會失眠，他求助精神科醫生，醫生聽她詳細說明生活情況後，就對對她說：你每天花費60%精力在孩子身上，又花60%在丈夫上，又花80%精力在處理家務上，你知道爲什麼會生病的原因嗎？

媽媽不解地說：我就是不知道，才來看你啊！我到底要吃什麼藥呢？

醫生笑笑地說：我的處方是非用藥處方，就是你只要做兩件事，不必吃藥，毛病就會好了。

媽媽歡喜地說：**有這麼神奇的藥方啊？請快開給我啊！**

醫生說：第一件：重新分配你使用時間的方法，以改正你的「過勞病」，你把200%透支的精力和體力，重新調整只要用100%就好。譬如剛才我說的那三件事，都各只用25%就好。

媽媽立刻問：**那我還有25%時間，要做什麼呢？**

醫生又笑著說：**這就是我的第二個處方，就是要「做你自己」，找回你丟掉的自己啊！**

媽媽疑惑地問：我人就好好的活著，並沒有搞丟啊！

醫生說：**是找回你自己應該擁有的個人時間、興趣或喜好，或做些讓你快樂的事。**例如看看書報、聽聽音樂、泡杯茶等，休息一下嘛！或者去做運動、散散步，或外出聽演講、看畫展、看電影、逛街購物等，也可打電話跟親友聊天，或約閨密喝咖啡，歡聚暢談一番啊！

媽媽聽醫生解說後，才恍然大悟：

原來我不快樂和生病的原因，就是全心全力奉獻給家庭，竟忘了我自己的存在。

今後，我要痛改前非，改變我的生活方式，每天要安排一段爲自己而活的時間了，做一些讓自己快樂的事情。

醫生笑笑說：這樣做就對了，祝福你健康又快樂喔！

2. 沒工作的媽媽　摘自網路文章，但沒署名

下面是一位丈夫和心理醫生的對話：

醫生：你是做哪個行業的，先生？

丈夫：我的工作是銀行會計師。

醫生：你的太太？

丈夫：她沒有工作。她只是一個家庭主婦。

醫生：那早上誰做早餐？

丈夫：當然是我的太太，因爲她沒有工作。

醫生：你太太什麼時候醒來，爲你做早餐？

丈夫：早上5點左右，做好後，還要侍候孩子們吃飯。

醫生：您的孩子如何去上學？

丈夫：我的太太送他們去上學，因為她沒有工作。

醫生：送孩子上學後，她又做了些什麼？

丈夫：她會去市場買菜，然後就回家做飯、洗衣、清理房間，就只做這些事，因為她沒有工作。

醫生：到了晚上，你從辦公室回家，你會做甚麼事嗎？

丈夫：休息或看電視、報紙，因為我下班後實在太累了。

醫生：這時候你的太太在做什麼呢？

丈夫：她給全家人準備晚飯，照顧孩子用餐，飯後清洗餐具，接著督促、陪孩子做功課，然後哄孩子們上床睡覺。

一位太太的日常生活：從清晨開始忙碌到深夜。這就是所謂的「沒工作」嗎？

有人問太太：你是職業婦女或家庭主婦？

她回答說：我是一個全職媽媽和主婦。

我的工作每天24小時，全年無休，沒有年終獎金，也沒有勞保和退休金。我是一個太太、一個媽媽、一個女兒、一個媳婦，我也是一個廚師、一個沒薪水的女傭、一個免付費的管家，…。

　　我更是一名教師、一名服務生、一個保姆、一名護士，一個清潔工、一名警衛、一位司機、一位諮商顧問。我上班沒有週休二日，我不能請病假、事假，沒有休假、年假，我的工作不分晝夜，我必須「隨時待命」。

　　但得到的回報是：**我太太沒工作啊！你整天在家當櫻櫻美代子－閒閒沒代誌做！**這就是就沒有工作的太太！一份沒有薪水收入的工作！

她犧牲了愛好和夢想，她沒有時間打扮，沒有精力逛街。她每天從清晨開始忙碌到深夜；她沒有全職媽媽的職位證書，也沒有領取薪水，但她在生活中的角色卻如此重要！

男士們：

請問你，在你給她披上婚紗的那一刻，你曾想到她要做這些事嗎？

獻給所有的女性同胞們：

主婦媽媽做的事，就像空氣一般的平常，許多人從來不曾覺察到它的重要性；但當有一天，你突然缺氧了，而感到呼吸很困難，快活不下去時，你才知道它有多麼重要啦！

請爲身邊所有可愛和可敬的母親、太太、主婦等親友，說聲「**感謝你！**」謝啦！

媽媽主婦很辛勞　掌理家務日夜忙

家人盡力多分擔　肯定功勞多讚賞

（十）主婦要怎樣兼差寫作

一般家庭中的全職媽媽，往往也是專職主婦，它是一體兩面的身份，她們的角色是隨時在轉換的，甚至是兩面合而爲一的，很難加以劃分清楚的。

簡單地說，媽媽應該是偏重在教養孩子的角色，它是無可取代的天職，孩子在家時，媽媽要注重的是管教責任；孩子每天上學或上班後，媽媽就變成主婦的身份，著重在家務管理和自我成長部分。有關媽媽的親職教育，我已寫了很多本暢銷書，發表了個人獨有的心得實例。

現在就來談一談，我當主婦又能兼顧寫作的妙方吧！主婦每天上班就是從事「家庭管理」的工作；最基本的如食、衣、住、行、育、樂等六大需要。就足夠讓你忙得團團轉。像我至今已當了四十多年的媽媽和主婦，不僅善盡本份職責，教出品學兼優的兒女，經營家業也稍有成就，又撰寫了十一本暢銷書。

我的時間、精神、體力或休閒等，是如何安排和兼顧的呢？這個問題有不少聽衆和讀者，都曾好奇地問過我，箇中秘訣，我就在此分享如下：

1. 省時省事法

(1)培養獨立自主

孩子們都讓他們讀住家附近的小學和國中，方便每天自己上、下學，可節省媽媽需接送時間；還有更重要的是，我都事先跟孩子們約定，每天學用品要自己帶齊，媽媽決不會當救火隊的「快遞員」，臨時幫你送東西到學校的。

像這類費時費力的日常要事，每天可節省下來的時間，日積月累是很可觀的，正可拿來做自己喜歡的事了。而我就是從事自己最愛的寫作啦！

(2)養成良好習慣

孩子是家庭生活中的要角，需要教導或學習的地方很多，尤其是還在求學期間的孩子，要訓練他們養成良好的生活規律：例如固定作息時間，限時做完功課，準時上學和下課，放學後，就要趕緊回家。

還有像分工負責做家事，養成規律衛生習慣等，並且訂好獎懲辦法；如此，很規律又自動化的生活習慣，媽媽每天就可省下喊叫、責罵或緊迫盯人的時間，省下來的精力和時間就可寫文章啦！

(3)陪伴孩子讀書

孩子每晚複習功課時段，我也放下家務，跟著一起做我的學習工作，一兼二顧，既可陪伴、監督他們，自己又能讀書、進修或寫作，這是親子雙贏的美好時光耶！

我的座右銘就是：「**日日走不怕千里路，天天讀不怕萬卷書。**」我努力用功求精進的精神，孩子們看在眼裡，記在心裡，也會跟著表現在行動裡了，這就是孩子們最好的身教和境教了。

2. 家事分工法

清潔打掃工作，是天天例行的重要家務，家事是全家人的事，所以人人有責，孩子按照年齡大小，分配適當的工作，我作了一個「每週輪值工作表」，例如洗碗、擦地、倒垃圾等。她們每做好一項，就在上面打個勾，並且有獎懲辦法，這樣權責分明，管理起來很省時省力。一來養成他們勞動的習慣，二來可減輕主婦的工作負擔，這樣又可省下一些時間來讀書或寫作了。

3. 一兼數顧法

(1)掌握時間法

有時要外出跑銀行或上郵局辦事等，就利用早上要去買菜前，預先排好去、回行程，這樣一趟路就能辦好幾件事，就節省重覆來回的時間，這樣多出來的空檔，就能拿來提筆寫東西啦！

我需要控管時間的地方也不少，包括不能任性地，收看很耗時的電視連續劇，盡量婉拒朋友「喝咖啡聊是非」的邀約，或推掉一般的應酬飯局、聚會等；還要盡量縮短接電話聊天，說些沒營養的話，總不能犧牲寶貴的時間，跟對方瞎扯、閒聊，時間就悄悄被偸走了。因爲對方她很無聊，而我可是很沒空耶！怎可傻傻地奉陪跟著耗掉時間！

我堅守我的名言：「**時間就是能源、青春、生命，要分秒必爭，絕不浪費。**」它是獨一無二的資產，且是一去就不復返的寶物；有捨才有得，如此，我就能主動掌控自己，凝聚焦點在心愛的寫作事務上啦！

(2)一心數用法

主婦每天也需要看電視，知道時事新聞、吸收新知等。這時我會一面整理剪報、摺衣服或擦桌椅等工作，或做些簡便的家務，例如處理青菜的事，像黃瓜、地瓜要削皮，豆子、花生要剝殼的，葉菜要摘除黃葉、去頭等，這些事，通通可以一面，做一面聽電視內容，碰到好看的畫面，再抬頭瞄一下，就行啦！其它像一邊摺衣服、整理剪報、收拾客廳等，都可一兼數顧，如此，省下的時間就可寫書啦！

(3)善用資源法

主婦每天烹煮三餐，是最費心、費時又費力的大事，瑣碎的撿黃葉、洗青菜等工作，利用先生下班、孩子放學回家後，就請他們到廚房來聊天，一面讓他們當主播，報告當天在外的活動新聞，一面也動手當廚房的好幫手，如此一舉兩得，也讓我縮短花在廚房工作的時間。

此外，上市場買菜時，可請肉販把肉類先代為切成塊狀、條狀或薄片；請魚販先把魚殺好，甚至切段、去頭尾等；請菜販先挑除黃葉、折小截或削去外皮等，這樣，又可節省下一些時間，多賺到的空檔，就可拿去讀書、寫作或整理資料啦！

4. 動腦構思法

主婦在家，天天按時烹調三餐外，還要洗衣、擦地、打掃房間等；這些例行熟悉工作，只要按部就班就能做好，不必太耗費心力；這時，就是我的動腦時刻，尋找寫作題材、構思內容、蒐集案例等，遇有好靈感、好詞句，就立刻用身邊的紙筆記下。

所以，我在客廳、廚房、書房、臥室等地，都放有筆記本，隨時想到點子，就當場把靈感簡要記錄下。避免稍後事情一忙就忘掉了。因此，我寫作的內容，都很生活化和實用性。都是從生活中歷練、萃取和篩選出來的，是最貼近地氣的生活寫照。

5. 演練互動法

我的孩子念小學時，傍晚還要帶她們三人，到公園運動或遊玩。晚上還要陪孩子們寫功課、說笑話，睡前還要講床邊故事。這一段期間，是我在實驗親子如何互動最好的方式，試驗家庭生活如何安排最理想，都是在累積生活的種種經驗和智慧，日後都變成我豐富的寫作題材啦！我在「火車頭父母」一書中，所寫的「親職三期」、「父母三球」及「生活三鏡」要訣，就是我多年來，從跟兒女互動中淬煉而成，是很實用的心得結晶。

6. 外出觀察法

我外出時，包包裡一定會帶著小筆記本，不論購物、訪友、旅遊等，或走路、等車、搭車時，我都會多加觀察周遭的人、事、物等，或抄下路旁店家或機關，有趣的廣告招牌文字，或貼在牆上的名言、警句等。

我常會好奇地探問所遇到的人、事、物的現況，譬如在公園、菜市場等，有機會就跟別人打招呼、說說話，增加互動、交流或學習的機會。我深信，認識新朋友，就像打開一扇窗，讓你看到不一樣的風景。

我最有興趣的研究對象就是人，當然，不同的人，對各種的事物，就有各種的差異感受，你多去認識、去瞭解或交換經驗，就更能欣賞，這個美妙的大千世界。這也是我享受生活的小確幸，更可累積成寫作的題材啦！

7. 動靜調和法

我現在寫作是用電腦打字的，大約每工作一個鐘頭，就需要休息一下，這時我就會去做家事，這是我活動肢體、舒展筋骨的好方法；我也會去前、後陽台，爲我種的十多種盆栽，照料一番，或觀賞它們開花、結果的俏麗模樣，這也是我兼顧綠化家園的好方法。

每天清早或傍晚，我也會定時到住處頂樓，做體操、快走或慢跑，運動強身保健一番，順便觀賞台北市四周山巒的美景，和天空變換的雲彩風光，享受片刻的悠閒時光。

有時心情煩悶，或思路枯竭時，我會應用做家事來發洩不良情緒，在擦擦桌椅、清洗炊具時，也順便把心中的情緒垃圾，一併用力清除掉後，整個人又恢復神清氣爽，活龍一條，再繼續打拼寫作了。

變換工作就是休息，所以做這些事，就是我調濟身心，或紓解壓力的秘訣，這樣動、靜工作輪流交換，我也樂在其中。據科學家說，走動中的頭腦要比靜坐中的頭腦，思路更靈活呢！難怪我在活動中，也常有靈光一閃的時刻，所以對思考問題或撰寫文章，也有相輔相成的加乘效果耶！

8. 見縫插針法

偶而出去應酬，或全家外出聚餐，我就不必煮飯、洗碗等；回家後，我會趕緊把省下的時間，拿來努力寫作。每當先生上班或孩子上學時，我就是最自由的單身貴族，趕緊埋首書堆或振筆疾書，就任我隨意安排了。

要是在烹煮三餐時，若有燉魚、滷肉或熬湯等，需要一段火候時間，我會利用「定時器」，設定好時間，這時就可抓住短暫空檔，見縫插針，從事修稿、校稿或整理資料等比較零碎的工作。當然，電鍋、烤箱、微波爐、吸塵器等現代化的好幫手，也爲我賺到很多可寫作的空閒啦！

9. 物盡其用法

二、三十年前，我剛開始寫文章時，都是用「勞斯萊斯汽車」式的方法－全用雙手打造的；我的稿紙供應貨源可多呢！先生辦公室要丟棄的企劃書背面；我大學同學，當時還當老師的，她學生考過的考卷背面；孩子們學期結束後，要丟掉的考卷，或有剩空白頁的筆記本；以及後來孩子們念大學寫的，厚厚一大疊的「讀書報告」等。每到學期末，抽屜大清倉時，通通轉送給我；我就利用空白的背面，拿來當寫作的稿紙，他們的廢物都變成我的寶物了。我常笑說，當年宋代大書法家王羲之，曾有「寫完一缸水」的壯志，而今朝我可是有「寫完數箱紙」的豪情耶！

一直到現在，我雖然改用電腦打字，但他們貢獻的A4廢紙背面，我還是拿來當輸出文章的初稿，好便利耶！如此資源回收再利用，竭盡一份心力；而我也贏得了「省長」的雅號－很會省錢的家長啦！

10. 考察人間法

我們出生到人間來，是來學習、考察、旅遊、報恩的…。寫作，是我實踐這些信念的方式之一，因此，我無論扮演任何角色，從事任何工作，我都會以歡喜心，欣然接受老天爺安排的各種際遇，我的名言就是：

吃苦當吃補，跌倒當跳舞；淋雨當淋浴，日曬當補鈣。

我曾在一家幼稚園圍牆上，看到如下的廣告語：

天才，是百分之一的靈感，加上百分之九十九的汗水造成的。

我也在一家超市前，賣咖啡廣告的立牌旗面上，看到畫著一匹坐下來休息的駿馬，手裡「右前蹄」握著一杯咖啡，正享受片刻的悠閒，旁白提醒的幽默文字說：

做牛做馬之餘，也要記得做自己喔！

我又在一家「摩X漢堡店」門前擺放的小小看板上，抄下一段話：**蘇格拉底說，人生的快樂和歡笑，都來自於奮鬥，尤其是有理想的奮鬥。**

我很認同這些理念，我這個當主婦的業餘作家，每天所過的生活內涵，或終生秉持的人生觀，也可以做如是觀啦！

我到民國107年1月，已經寫了十一本暢銷書了。等我努力把手頭上這一本「回憶錄」，寫好並出版後；接下來，我最優先要做的事，就是要完成我最大的心願，要坐郵輪去環遊世界一周；不過在還沒有實現夢想前，我常以這兩句話：

吹牛不必打草稿，作夢也並不犯法。

自我調侃或解嘲一番啦！

主婦自立又自強　開創自己一片天

積極樂觀有定見　家庭事業樂得兼

（十一）我愛媽媽行動宣言

自從政府實施周休二日後，許多行業的上班族或機關、學校的員工，都能離開工作崗位，輕鬆地放假兩天，享受自由自在的生活。唯獨從事「家庭管理」職業的媽媽兼主婦，因爲先生、兒女們都留在家裡，反而增加了家務工作量，變成了加班一族了。

其實，媽媽也很想要休假耶！所謂「家事」就是全家人的事，也就是家中成員爲求生活便利，而必需做的日常生活瑣事。俗話說：「**變換工作就是休息。**」，希望爲人夫、爲人子女的您，能夠以實際行動，回饋媽媽長期的關愛和辛勞，利用假日分擔些她平時的工作，我相信你一定樂意去幫忙，做下列幾件重要的小事的。

1. 下廚換你來

你在外面餐廳常有機會嘗到好吃的料理，或是跟媽媽做法不一樣的食譜，何不利用假日秀一下，親自下廚試驗拿手功夫，享受烹調樂趣，順便磨練自己廚藝，爲將來成家做準備，又能趁此良機讓媽媽休息一下，一舉數得，何樂而不爲呢？

2. 洗衣自己來

我聽有不少媽媽說，很多在外地上學或上班的兒女，假日回家，帶給媽媽的大包厚禮，就是外宿換下來的髒衣服；各位年青力壯的朋友，請記得：**各人造業各人擔，自己衣服自己洗。己所不欲，勿施於人！**

請你要認清媽媽，並不是你免費顧用的台傭喔！她是愛你，但並沒有虧欠你喔；請多疼惜她，不要讓她操勞過度，因而青春折舊太快唷！若因身體長期太疲累而生病，甚至提早報廢了，就什麼事都不能再幫忙你，那你可就虧大了，到那時才後悔也沒用了。

3. 清掃大家來

平日家中的清潔工作，主要都由媽媽負責；所以趁著假日，大家共同協議，選個半天當「清潔日」，除了自己的房間自己清理外；公共區域如擦拭門窗、桌椅、地板，或清洗廚房、浴廁等，可依據每個人的能力，分配合適的打掃或清理工作，大夥兒分工合作，一起流汗的感覺眞好！成效好又快，更能凝聚對家庭的向心力和責任感。

疼愛媽媽，就請你分擔她的辛勞，勝過送她任何珠寶！這樣才是珍惜媽媽的好丈夫、好兒女。全家同心協力工作後，再一起外出吃大餐，或一起遊樂去，讓媽媽也享有歡樂的假期吧！

4. 遊玩一起來

有人說：**要讓媽媽眞正休息，只有讓她離開家裏。**

何不利用假期安排個「**家庭假日**」，規畫一些有益身心的休閒活動。讓媽媽和家人聚在一塊兒，離開家裡，從事戶外活動，例如郊遊、爬山、烤肉或旅遊、泡溫泉等，紓解連日來的工作疲勞，放鬆身、心壓力。或者看畫展、逛花市、聽音樂會，參加應景的藝文或節慶活動。也吸收些**知識維他命、心靈大補丸**，不僅能增進生活情趣，更能提昇家庭文化水準耶！

5. 良心的建議

以上是我提供的眞心建議，也是許多媽媽們的心內話，我只是替他們誠懇地說出來。希望你能理解和醒悟，並且從善如流，及時努力去做到這些事，**就是孝順媽媽最好的方法，才是媽媽的好丈夫、好兒女喔！媽媽一定會非常開心和感謝你耶！**

6. 愛他要教他

同時，我也鄭重地呼籲媽媽們，愛孩子就是，要儘早教他獨立並勤勞做家事，學習和磨練，處理日常生活要事，是每位家中成員都需要會的基本功夫；這樣做，對他們將來成家立業後，就能順利成爲好丈夫或好太太，共同組成幸福的家庭，都會有極大的幫助和益處的。**請不要把縱容當包容，疼愛變溺愛喔！**

那樣的話，你的家教就算是失敗的，說得嚴重一點，你就變成是在給兒女造孽喔！因爲「**養子不教，父母之過**」古有明訓啊！也請爸爸們要熱烈挺身而出，一起加入孩子們的愛媽、愛家的行列，這是你最好的身教，甚至成爲帶動全家活動的模範父親喔！

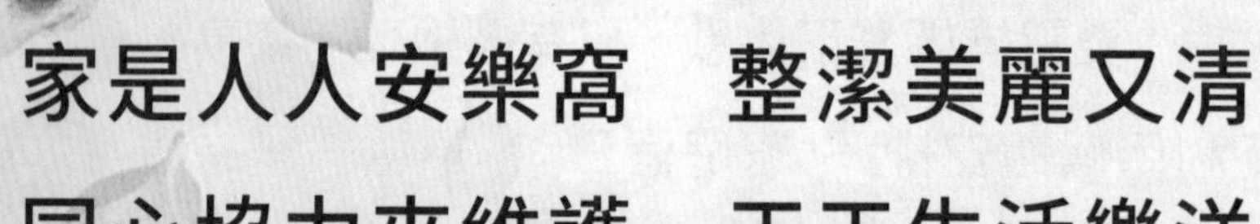

應邀演講

慕凡老師主講

主要講題

一.怎樣養育品學兼優的孩子

二.怎樣幫助孩子功課更進步

三.怎樣幫助考生衝刺上金榜

四.新好父母換你做做看

五.溝通和情緒管理的絕招

六.講笑話 學幽默 當笑長

七.男女交往或結婚大哉問

八.如何開創美好樂齡生活

九.勇敢追夢－環遊世界 驚艷分享

十.媽媽博士－家業中的 CEO

十一.亦可應需求指定講題

邀請方式:E-Mail:lin342003@yahoo.com.tw

或106926台北市信維郵局第26-76號信箱

媽媽博士－家業中的CEO【第一冊】

著作人／林 琼(瓊) 姿　筆名／慕 凡
郵政劃撥／帳號：14018094 戶名：林琼姿
電子郵件／lin342003@yahoo.com.tw
聯絡處／106926 台北郵政信箱26－76號
封面設計／賴 思 安
電腦排版／龍岡數位文化股份有限公司
圖文校稿／慕 凡
出版者／龍岡數位文化股份有限公司
地址：235新北市中和區建六路67巷2號
電話：(02) 2223-8817
印刷者／龍岡彩色印刷股份有限公司
經銷者／白象文化事業有限公司
地址：401台中市東區和平街228巷44號
電話：(04) 2220-8589
初版／中華民國112年(2023年)4月 初版一刷
國際書碼／ISBN：978-957-794-236-4

國家圖書館出版品預行編目資料

媽媽博士–家業中的CEO / 慕凡(林琼姿)著.
-- 初版. -- 新北市 : 龍岡數位文化股份有限公司, 民112.04
面；　公分
ISBN 978-957-794-236-4(第1冊 : 平裝)
ISBN 978-957-794-237-1(第2冊 : 平裝)

1.母親 2.家庭 3.通俗作品

544.141　112005148

定價：新台幣NT$ 590元　美金US$ 20元